Desde el ojo del huracán

Marina Sanmartín

Desde el ojo del huracán

Una historia íntima de las librerías

Ariel

Primera edición: abril de 2023

Avda. Diagonal, 662-664, 08034 Barcelona
Editorial Ariel es un sello editorial de Planeta, S. A.
www.ariel.es
www.planetadelibros.com

ISBN: 978-84-344-3618-3
Depósito legal: B. 5.340-2023

Impreso en España

El papel utilizado para la impresión de este libro está calificado como **papel ecológico**
y procede de bosques gestionados de manera **sostenible**.

PEFC™
PEFC/14-38-00305

Certificado PEFC

Este libro procede de bosques gestionados de forma sostenible y fuentes controladas

www.pefc.es

A todos los que aparecen en este libro,
a los que he conocido y a los que no, a los vivos
y a los que ya no están, también a aquellos con
los que no he coincidido en el camino pero han
pasado por él, porque nos construimos a partir
de los otros, de las historias que nos cuentan
y de las que compartimos.
Esa es la única manera.

Y a todas las librerías

Índice

Cuarta parte
PANDEMIA

ADVERTENCIA

Todo lo que está escrito a continuación es verdad.
Pero algunas cosas no.
Y tal vez esas sean las más auténticas.

Primera parte

PREPARATIVOS PARA UN VIAJE EN EL TIEMPO

Durante el largo tiempo de espera, los cuatro desiguales mensajeros se hicieron muy amigos, y también luego siguieron juntos.

Pero esa es otra historia y debe ser contada en otra ocasión.

Michael Ende, *La historia interminable*

1

Partir

¿Cómo se empieza a contar una historia que todavía no ha terminado? O mejor: ¿cuál es el sentido de una narración infinita? ¿Hacia dónde se dirige? O mejor todavía: ¿no es una historia para siempre inconclusa el lugar al que pertenecemos, un relato del que solo nos está permitido comprender una parte, aquella en la que participamos, la única y brevísima sobre la que tenemos el privilegio de decidir?

El 14 de marzo de 2020, 48 horas después de que la alerta sanitaria nos obligara a cerrar la librería y de que el temor por su supervivencia se instalara en los estómagos de todo el equipo como una larva, era sábado y, al llegar a mi minúscula buhardilla en el barrio de las Letras de Madrid, me formulé todas estas preguntas. A las 00.00 del día 15, el mundo iba a sumergirse en un confinamiento severo, amenazado por la covid-19. La noticia se había difundido por todos los medios y redes un par de días antes, confirmando una alarma silenciosa que llevaba ya meses extendiéndose por el mundo lentamente, como un magma denso y torpe pero implacable: nos enfrentábamos a un escenario de pandemia para el que el sistema, con sus endebles recursos, no estaba preparado. Recuerdo que era sábado —ya lo he dicho— y un sol frío me acompañó en mi recorrido desde la casa de mi amiga la editora y exlibrera Cristina Franco,* en Malasaña, al barrio de las Letras. Esa misma mañana, muy temprano, tras despedirme de mi familia me había subido a un AVE en Valencia para regresar a Madrid y comer con Cristina pimientos rellenos antes de recluirme definitivamente. El vagón estaba vacío y el silencio del tren parecía de alambre, imantado por una tensión metálica y amarga, por el miedo. Sin embargo, el sol era el mismo de todas las mañanas de marzo y, ajeno por completo al peligro, se colaba por la ventanilla y dibujaba pequeñas motas de luz en el asiento sin ocupar que estaba junto al mío. Pensé y anoté en mi cuaderno: «El sol brilla también allí donde los seres vivos han desaparecido».

Pero esta no es una historia sobre la pandemia (aunque, quizás, a su manera, también lo sea un poco); esta es una historia sobre librerías, libros, libreras y libreros, y también, por encima de todo, sobre la gente que, en el siglo XXI, elige de entre todas las opciones de ocio y enriquecimiento espiritual posibles ya no solo leer, sino, además, dedicar parte

* La trayectoria profesional de los nombres que en el texto aparezcan señalados con un asterisco, así como la relación que nos une, se desarrolla con más detalle en el índice onomástico.

de su tiempo a sumergirse en los espacios reales e imaginarios de las librerías independientes, de las librerías de barrio como la nuestra.

¿Cómo se empieza a contar una historia? ¿Cómo se empieza a contar *esta* historia?

Es al llegar a semejante encrucijada cuando me vino a la cabeza Michael Ende, y su recuerdo me despertó una sonrisa: él me habría entendido muy bien. No se sorprendería ante mi duda e intuyo que quienes hayáis leído *La historia interminable* tampoco lo haréis, porque Michael conocía el secreto, la magia que, como una corriente eléctrica, recorre la percepción y el sueño de todos los que amamos los libros. Michael sabía mejor que nadie que no existe el concepto de *historia única*, porque todo relato, todo camino recorrido por el héroe es la suma de una miríada de retales de otros héroes y otros caminos, de la misma manera en que nuestras vidas son la parte y el todo, el relato secundario y el protagonista. Leer bien es aceptar que no existe ninguna certeza y, aun así, aventurarse en un sinfín de viajes emocionantes; y a eso era a lo que, detenida en el punto de fuga en el que repentinamente se había convertido aquel 14 de marzo, comprendí que había dedicado yo la mayor parte de mi vida: a leer y escribir historias, y a conversar con los demás sobre las que ellos habían leído y habían inventado otros, las que estaban atrapadas en las novelas, los ensayos y los álbumes infantiles que ofrecíamos en la librería.

Paremos un momento: ahora me doy cuenta de que la menciono con ligereza dando por supuesto que habéis estado allí. Y puede ser que no. Así que os la describiré un poco, para que os traladéis conmigo a uno de los rincones que más quiero y, sin duda, en el que más tiempo paso, nuestra preciosa librería sita en la calle donde una vez estuvo el legendario Palentino y sobrevive el bar Dos Passos, el mismo rincón de Malasaña, epicentro de la Movida, en el que se encontraba el hostal donde se hospedaba, hace ya más de veinte años, cuando llegué a Madrid, uno de los primeros chicos a los que besé.

Dejad que os hable de 185 metros cuadrados que para mí son un mundo entero, dividido en un pequeño altillo y una oficina en la que tenemos un camastro para dormir la siesta; un sótano con cuatro misteriosas cavas, cuyo propósito original hemos sido incapaces de descifrar y que utilizamos para las exposiciones y la segunda mano; y una planta principal de techos altísimos, de los que Ale* decidió colgar, con la ayuda de Chris,* dos lámparas de papel que recuerdan a las páginas de los libros. Se trata de un lugar mágico, ubicado en un edificio que terminó de construirse en 1862, y cuenta con un gran escaparate a la calle en el que la arquitecta Ana Cubas, la primera Noche de los Libros que la librería fue nuestra, dibujó un conjunto de gráficos y siluetas con el lema «El libro como medida de todas las cosas». Las ilustraciones son tan curiosas que las hemos mantenido. Reflejan las distancias calculadas en «Quijotes»:[1] lo que mide la calle, lo que medimos nosotros, Alessandra, Christopher, Raquel,* María* y yo; los «Quijotes» que nos separan de nuestras librerías favoritas del mundo y los «Quijotes» que, en vertical, igualan la altura de algunos de los edificios más emblemáticos de la ciudad. Quien se detiene asombrado ante el trabajo de Ana, minuciosamente detallado con rotulador blanco sobre el cristal, por lo general termina entrando en la tienda para felicitarnos por la iniciativa y, al hacerlo, descubre las tres mesas de novedades y las altas estanterías de madera clara, cuajadas de libros, tras las que se esconden las paredes del local: novela, relato, teatro, cómic y literatura ilustrada, poesía, humanidades y lecturas infantiles; alrededor de 10.000 ejemplares y 8.000 títulos —cantidades que coinciden con las que la estadística asigna a una librería de tamaño medio—, sobre los que se construye nuestro valioso universo..., aunque no debería escribir «nuestro», porque toda librería es un ser vivo y somos nosotros quienes le pertenecemos, quienes la habitamos durante ese lapso de tiempo fugaz en el que mantenerla con vida se convierte en nuestra misión más importante.

Las librerías independientes son una especie en peligro de extinción y quizás esta sea también la his-

1. La edición escogida por Ana para sus cálculos fue la del *Quijote* adaptado por Andrés Trapiello: Miguel de Cervantes, *Don Quijote de La Mancha. Puesto en castellano actual íntegra y fielmente por Andrés Trapiello*, Barcelona, Destino, 2015.

toria del largo viaje hasta el instante en que nos dimos cuenta de que debíamos protegerlas.

Aquí es donde me gustaría escribir que Cervantes y compañía fue idea nuestra, que nosotros elegimos su nombre, pero no os estaría contando la verdad; una prueba más de su mágica autonomía. Fue Óscar García Tobías quien en 2012 la inauguró en un local minúsculo y rectangular de Malasaña, en el que, cuando se celebraba una presentación con un autor o autora popular, la gente se agolpaba de pie para escuchar —que no ver, porque casi nunca se llegaba lo bastante pronto como para ocupar los puestos de la primera fila— el panegírico sobre el libro de turno, y arañar luego unos minutos de charla y un ejemplar firmado.

La primera vez que yo pisé aquel espacio fue en 2013, una tarde que, si no lo era, al menos parecía de invierno, no recuerdo el mes. Ya había oscurecido y fue Raquel, que entonces se encargaba de la prensa de Sexto Piso,[2] quien me llevó. Acudimos a la presentación de *Los años asesinos,* una novela negra del periodista Javier Ors, y llegamos tarde. La librería estaba

2. Junto con las editoriales Impedimenta, Libros del Asteroide, Nórdica y Periférica, Sexto Piso integra el Grupo Contexto, desde el que los sellos mencionados aúnan fuerzas para poner en marcha interesantes iniciativas dentro del sector. En 2008, Contexto recibió el Premio Nacional a la Mejor Labor Editorial Cultural.

repleta y los asistentes al evento se reconocían unos a otros intercambiando miradas esquivas, experimentando el placer por definición narcisista de pertenecer, aunque solo fuera por un par de horas, al mundo de quienes hacían los libros, escribían sobre ellos y los vendían. Madrid estaba vivo, su sangre circulaba sin tregua por las estrechas callejuelas de Malasaña y yo, junto a mi amiga, a salvo en aquel lugar dedicado a la literatura, que ya era lo que más amaba, formaba parte de él.

No conocí a Javier aquella tarde, ni tampoco a Óscar, eso ocurriría algunos años después, pero sí estreché lazos con el fundador de Impedimenta, Enrique Redel, al que Raquel y yo identificamos, terminado el evento, a la deriva como nosotras en medio de la compacta multitud. Raquel y Enrique tenían en común la pertenencia de sus editoriales al Grupo Contexto y yo admiraba secretamente a Enrique desde mi época de librera primeriza en el departamento de libros de la Gran Superficie de Callao, por haber conseguido que *Soy un gato* encadenara una edición tras otra; un tema recurrente en mis conversaciones con él, todavía hoy, que no faltó en las cervezas que compartimos al abandonar el jaleo de la presentación y buscar refugio en el bar de enfrente: ¿cómo se despierta el deseo de leer, el ansia de poseer un libro? ¿Cómo se convierte un clásico en *best seller*?

Mientras divagábamos sobre lo divino y lo humano, desde la barra observé a quienes fumaban y se despedían con efusividad en la entrada de aquella primera versión en miniatura de Cervantes y compañía, e inevitablemente pensé en su musa: la parisina Shakespeare and Company, fundada en 1919 por la estadounidense Sylvia Beach.

> En aquellos días no había dinero para compartir libros. Yo los sacaba en préstamo de la biblioteca circulante de Shakespeare and Company, que era la biblioteca y la librería de Sylvia Beach, en el número 12 de la rue de l'Odéon. En una calle fría y batida por el viento, aquel era un lugar cálido y alegre con una gran estufa en invierno, mesas y estantes con libros, novedades literarias en el escaparate y en la pared fotografías de escritores famosos vivos y muertos [...]. Sylvia [...] era agradable, alegre y se interesaba por todo, y le encantaba hacer bromas y cotillear. Ninguno de mis conocidos fue nunca tan amable conmigo.

Así empezaba el cuarto capítulo de *París era una fiesta*, la novela que Ernest Hemingway escribió a principios de los años sesenta recordando su juventud en Europa y el clima efervescente del periodo de entreguerras. Por Shakespeare and Company habían pasado Gertrude Stein, Scott Fitzgerald, Ezra Pound... Allí se había fraguado la publicación del *Ulises* de Joyce y, sin duda, como hilos invisibles de una tela de araña, allí debieron de mantenerse millares de conversaciones sin rumbo, banales, y, sin embargo, todas ellas adoquines del gran edificio en eterna construcción que es la cultura, entre las paredes forradas de palabras de una pequeña librería.

Fue en 2006 cuando yo leí *París era una fiesta*. Tenía veintiocho años y Diego Barriuso me la recomendó. Diego y yo nos conocimos en el departamento de libros de la Gran Superficie de Callao. Ninguno de los dos había trabajado antes en algo parecido, no habíamos imaginado mientras estudiábamos Periodismo en la universidad que nuestro destino haría un alto decisivo en la librería de unos grandes almacenes, pero, con el resto del equipo y liderados por Mercedes Castro,* que nos eligió a todos mediante un proceso de selección que aún hoy es para mí un enigma, formamos un curioso grupo en el que muy pronto germinaron vínculos indestructibles.

La Gran Superficie se ajusta, valga la redundancia, a la definición de lo que hoy llamamos una «gran superficie». Para muchos libreros independientes, junto con las macroplataformas de comercio digital tipo Amazon, las grandes superficies son el enemigo. Para mí, aquella en la que trabajé y la gente que conocí allí y se quedó en mi vida para siempre son la razón de que me haya dedicado al mundo del libro.

Aunque será mejor que no vayamos tan deprisa. Si algo me sobraba aquella tarde del 14 de marzo de 2020, cuando regresé a la buhardilla con el estómago inmerso en la dificilísima digestión de los pimientos, una bolsa de plástico con provisiones de uno de los pocos colmados chinos que quedaban abiertos —no tuve más remedio que comprar crema de verduras enlatada, porque las estanterías habían sido arrasadas por gente más previsora que yo— y la incertidumbre sobre cuándo volvería a ver a Cris —adelanto ya que no tardamos tanto—, era un montón de tiempo y algo de miedo. Por eso me hice un café con leche y me puse a pensar.

Es en situaciones como esta cuando el pasado se convierte en un lugar seguro, porque el futuro se muestra del todo impredecible. Me asustaba imaginar lo que podía ocurrir con la librería. Sin embargo, adentrarme en el vasto y conocido terreno de los recuerdos me resultaba confortable. Casi podía tocarlos: del plácido ajetreo de Malasaña a las horas eternas de mi adolescencia ordenando la caótica biblioteca de mi padre, siempre en construcción; y, entre una y otra imagen, un amplio abanico de estancias con los libros como único factor común. La Gran Superficie, TopBooks, las librerías Bertrand; la oficina de Sílex, Silonia y Tres Hermanas, primero en la calle Alcalá y más tarde en la calle San Gregorio; mis artículos sobre novelas policiacas para el *ABC Cultural*, y mis propias novelas, las que había escrito yo. Si eliminaba de mi trayectoria la ficción, mi vida se quedaba vacía.

Quizás todo había empezado con el descubrimiento de *La historia interminable*, me dije permitiendo que se colara en mi discurso mental la niña que fui, adicta desde muy pronto a la lectura y fascinada con los fragmentos rojos y verdes del relato de Ende; la misma niña que unos años más tarde, convertida ya en adolescente, rescató de uno de los armarios de la casa familiar una vieja edición de *Sobre héroes y tumbas* y, azuzada por la dedicatoria manuscrita de la primera página —«Para Rafa de Ana. Por toda la melancolía»—, se enfrentó a la obra maestra de Sabato más interesada en rastrear la identidad de su padre que en el descenso a los infiernos de Alejandra y Martín, los protagonistas; la misma que devoró *El peso de la paja* alternando el despertar sexual de Terenci Moix con paseos por la playa de Alcocebre comentando lo leído con su madre y su tía... O tal vez no, tal vez debía buscar el principio mucho más tarde, en la rebeldía de la mujer de veinte años que, decidida a quedarse en Madrid, leía a escondidas *El mar, el mar*, el relato de un amor perdido a medio camino entre la sátira y la elegía, de Iris Murdoch, en una sórdida oficina de la calle San Bernardo donde le pagaban una miseria por traducir anuncios por palabras al catalán para la sección de contactos de una cadena de periódicos. Porque sí, esa también era yo, una mujer joven y perdida a la que los libros rescataron mediante una mezcla perfecta de pasión y azar.

Fue entonces, al repasar mi odisea particular, que para mí significaba tanto —qué menos que asistir con asombro al relato de nuestra propia biografía—, cuando se me iluminó en la cabeza, como un neón, la siguiente pregunta: ¿y quiénes fueron antes? ¿Qué hombres y mujeres como yo, en otros lugares y otras épocas, habían convertido los libros en su vida entera y habían asociado el concepto de «hogar» al de una librería? Porque nadie es del todo extraordinario y, en cierto modo, esa es la única manera de que existamos para siempre. Tanto lo que ya ha ocurrido como lo que está por venir se encuentran habitados por un ejército de *alter egos* que no resulta demasiado difícil rastrear, y yo tenía de pronto un montón de horas por delante para hacerlo.

Así fue como decidí viajar en el tiempo y recorrer en paralelo, como si se tratara de dos círculos concéntricos, de una pantalla grande y un agujero diminuto en la pared, la historia de las librerías a través de sus protagonistas frente a mi modesta trayectoria y la de los profesionales del libro que me había ido encontrando en el camino, casi todos amigos, un periplo que se ajustaba a la deriva de la profesión no solo durante la irrupción definitiva del mundo digital en el sector editorial, sino también, y sobre todo, durante y después de la pandemia.

Estas son las razones por las que empecé a escribir. Lo hice de repente, sin pensarlo demasiado: salí del puerto y me adentré con mi barco, conteniendo la respiración, en la tormenta.

2

Norte, sur, este y oeste (I): conceptos básicos

Todo marinero, a menos que sea un suicida, necesita una brújula, ampararse en la falsa seguridad que misteriosamente otorga el conocimiento de los puntos cardinales y la habilidad para nombrar las constelaciones y distinguirlas. Yo nunca he sabido. Siempre me ha parecido mágico e indescifrable el cielo lleno de estrellas, aunque en Madrid apenas se ven. Hay una claraboya en mi habitación, justo sobre la cama, así que cada noche me duermo con un rectángulo de oscuridad sobre la cabeza y me despierto con el avance degradado de la primera luz. Por las mañanas, unos pájaros pequeños y negros, cuyo nombre no conozco, cruzan el rectángulo de oeste a este en formación de flecha. También algún avión atraviesa de cuando en cuando mi fragmento de cielo en la misma dirección y deja su estela blanca, que araña el azul raso. Con frecuencia me entretengo en la contemplación de esa nada tan plácida y silenciosa. Me parece importante observar sin más, porque el viaje no solo debe implicar acción, sino también análisis y distanciamiento; el viaje exige una quietud anterior a la partida, que nos entretengamos en el dibujo del mapa imaginando la descripción prevista del territorio que vamos a explorar.

Hay tantas ciudades como seres dispuestos a visitarlas por primera vez.

Una mirada puede cambiarlo todo. Una palabra puede cambiarlo todo.

Las palabras están vivas.

La mayor prueba de ello es que, a menudo, sus definiciones quedan obsoletas.

Y el trazado de nuestro mapa, la distinción de nuestros particulares norte, sur, este y oeste, implican que nos detengamos antes de partir en los conceptos de «librería» y «librero».

¿Qué es una librería?

Busco en el Diccionario de la Lengua Española de la Real Academia la definición de *librería*:

> Tienda donde se venden libros. / Ejercicio o profesión de librero. / Mueble con estantes para colocar libros. / Biblioteca (lugar en que se tienen los libros). / Biblioteca (conjunto de libros). / Papelería (tienda).

Fascinada por su simplicidad, decido ir un paso más allá en mi recién iniciada investigación y me adentro en las páginas del Diccionario de uso del Español de María Moliner. Es allí donde leo:

Librería: Tienda de libros. / Comercio de libros. / Mueble donde se colocan libros.

Así es como me doy cuenta de que, si consigo terminar mi viaje-relato, este será la historia de una transformación.

Me pregunto cómo definirían *librería* algunos de los compañeros que más admiro. ¿Cómo lo harían Alfonso Tordesillas y Gonzalo Queipo, de Tipos Infames? ¿Cómo lo haría Lola Larumbe, de la Alberti, o Xavi Vidal, de la Nollegiu? ¿Cómo, Álvaro y Cristina, de La Puerta de Tannhäuser?

En una entrevista[1] concedida al periódico valenciano *Las Provincias* poco después de recibir en 2017 el Premio de la Generalitat a la Innovación por su gestión de la librería Ramon Llull,[2] Almudena Amador contestó así a una de las preguntas de la periodista Carmen Velasco: «Me gusta que la librería sea refugio y trinchera, nuestra forma de ser en el mundo, nuestro pequeño foco de resistencia frente al estado de cosas, frente al lugar común, al trazo grueso, a la velocidad imperante y a la falta de profundidad, de reflexión, de empatía y de autocrítica».

1. Carmen Velasco entrevista a Almudena Amador: «Almudena Amador, responsable del establecimiento Ramon Llull de Valencia: "La librería es refugio y trinchera"», *Las Provincias*, 25 de noviembre de 2017, <http://bit.ly/3xCkfu4>.

2. Mientras escribía *Desde el ojo del huracán*, en julio de 2022, la librería Ramon Llull fue galardonada también con el Premio Boixareu Ginesta, concedido por la Federación de Gremios de Editores de España.

Esta sí que me parece una definición perfecta, pero ¿cómo se puede ser simultáneamente lugar seguro y campo de batalla? ¿Y por qué esta importantísima información sobre la identidad de las librerías no aparece en diccionario alguno? Cuando leo la entrevista a Almudena coincido con ella punto por punto; sin embargo, me resulta difícil explicar cuál es la razón tangible por la que lugares como La Buena Vida o la +Bernat son mucho más que un comercio. ¿Vendemos o generamos cultura? Si esto fuera un concurso de televisión, la respuesta sería «Las dos opciones son correctas», porque aquí el lenguaje se comporta como un péndulo, una gran bola de hierro macizo que oscila entre la definición oficial de los diccionarios, despojada de toda humanidad, y la más romántica de Almudena. Cuanto más cerca se encuentre el «negocio de libros» de la primera, más se aproximará a lo que conocemos como gran superficie o como plataforma virtual; cuanto más se aproxime a la segunda más se ajustará al concepto de «librería independiente», cuya aspiración, consciente o inconsciente, es la de crear un universo propio; y, si el péndulo se desboca y pierde la cadencia para escorarse peligrosamente hacia uno de los dos extremos, el proyecto fracasará, ya que el éxito se encuentra en el punto de equilibrio entre la eficiencia administrativa y el romanticismo.

Mi primer recuerdo de una librería me devuelve a la Soriano,[3] de Valencia, al local, ya desaparecido, que la pequeña cadena familiar, activa en la ciudad desde 1948, tenía en la Gran Vía Fernando el Católico, a medio camino entre mi casa y mi colegio, Jesús-María. Allí me llevó mi tía abuela en algún momento a finales de los años ochenta, porque yo me había enamorado de Shirley MacLaine después de ver un número infinito de veces *La fuerza del cariño* y *Madame Sousatzka.*

Mi tía abuela Ángela no se casó nunca y tampoco se independizó. Ella y mi tía abuela Maruja vivieron siempre con mis abuelos, en la cuarta planta del número 41 de la calle del Turia, un piso antiguo, de techos altos y pasillo largo y oscuro, pero lleno de animación, en el que no paraba de entrar y salir gente, y donde mi hermana Ana* y yo, de niñas, los viernes nos quedábamos a dormir para cenar pollo con patatas fritas e imitar los comportamientos de mis tías. Ana dormía con Maruja (Coca) y yo con Ángela (Tata), que me acostumbró a no cerrar los ojos sin antes dedicar al menos diez minutos a la lectura.

A Tata le gustaba leer a Agatha Christie, a Dickens y a Balzac, pero también a Santa Teresa de Jesús y algunos fragmentos de la Biblia, porque era —es—

3. Tres fueron las librerías que marcaron en Valencia mi infancia y primera adolescencia: la librería Bello, ya desaparecida; las librerías París-Valencia, con su visionaria combinación de novedades y libros de segunda mano, que todavía resiste; y, sobre todo, las librerías Soriano, de las que ya solo sigue en pie la emblemática sede de la calle Xàtiva, un espacio de más de 1.000 metros cuadrados.

muy religiosa. Hubo un tiempo, aquel en el que le pedía que me despertara a las seis de la mañana para acompañarla a misa, en que yo quise ser como ella, el mismo en el que íbamos juntas al cine todas las semanas y me introdujo, igual que lo haría una maestra con una iniciada, en el mundo de las librerías.

La librera de Soriano se llamaba Pili, era morena, delgada, tenía la piel como de pergamino y hablaba con una curiosa afectación, que se hacía presente, sobre todo, en cada una de las eses que pronunciaba (y, yo creo que a propósito, pronunciaba muchas). Pili sabía que jugaba sobre seguro porque mi tía siempre aceptaba sus recomendaciones. Yo no. No soy una clienta dócil, quizás porque mi sitio en la literatura está más en el lado del que aconseja que del que se deja aconsejar, aunque por culpa de esta actitud me haya perdido muchas cosas.

Aquella tarde de mis once o doce años le pedí a Pili muy decidida *Lo que sé de mí*, el libro espiritual de Shirley, y ella se dirigió a uno de esos soportes giratorios para los ejemplares de bolsillo que han sobrevivido hasta nuestros días y me lo dio sin hacer comentario alguno sobre la conveniencia de aquel texto para alguien de mi edad —una de las virtudes más valoradas en una librera es su ausencia de prejuicios—. Tampoco mi tía dijo nada al respecto, y yo me lo llevé a casa más contenta que unas castañuelas y lo devoré experimentando una extraordinaria sensación de intimidad con Shirley, aunque al leerlo no entendí nada.

Así empezaron mis visitas a Soriano, que, por su tortuosa distribución y poca iluminación, tenía algo de laberinto, de cueva secreta en la que nunca sabías lo que ibas a encontrar; y, con ellas, el descubrimiento tácito de que los libros no solo nos cuentan historias, sino que además sirven para alimentar nuestras obsesiones más rocambolescas: un descubrimiento maravilloso.

¿Qué es un librero?

Volvamos a la RAE.

> Librero/a: Persona que tiene por oficio vender libros. / Librería (mueble con estantes para colocar libros). / Hombre que tenía por oficio encuadernar libros.

Y ahora a María Moliner, que aquí, paradójicamente, recurrió a un sorprendente laconismo y se mostró como una mujer de pocas palabras:

> Librero/a: Comerciante de libros.

En el principio de los tiempos —ya lo veremos con detalle más adelante—, los libreros eran los mismos editores, «quienes anunciaban sus rollos a la entrada de sus tiendas»; nos lo cuenta Juan Malpartida en el prólogo a *Libros y libreros en la antigüedad*, de

Alfonso Reyes. Sin embargo, con el paso lentísimo de siglos y milenios, y la consolidación de la lectura como un hábito en la mayoría de los pueblos, esa figura única que, junto con el autor y el lector, completaba el universo editorial de las primeras etapas de la historia se desdobló como una guirnalda de papel para consolidar los cinco perfiles fundamentales, aunque no siempre imprescindibles, del sector editorial tal y como lo conocemos hoy:

Autor – Editor – Distribuidor – Librero – Lector

¿Cuánto se ha escrito sobre los libreros, sobre lo que son o dejan de ser? ¿Cuántas ficciones se han ambientado en una librería? Son el lugar perfecto para alimentar el enamoramiento, como en *Hannah y sus hermanas*, en la que Michael Caine no para hasta dar con un ejemplar de la poesía de Cummings para Barbara Hershey, u *Olvídate de mí*, donde Kate Winslet trabaja en una e intenta olvidar en ella a Jim Carrey; pero también, por sus rincones más sombríos y a salvo de las miradas indiscretas, sus silencios y el juego de los libros, las librerías son el enclave idóneo para el encuentro y la comunicación de los espías, como en *El Premio*, que convierte a Paul Newman en un jovencísimo nobel de Literatura en busca de un científico interpretado por Edward G. Robinson.

¿Cuántos libros hay sobre libros?

Siempre me ha gustado leerlos. Algunos, relativamente recientes, son fantásticos: *Librerías*, de Jorge

Carrión, *El infinito en un junco*, de Irene Vallejo, o *La furia de la lectura*, de Joaquín Rodríguez, por ejemplo; sin embargo, qué pocos son los libreros que se han atrevido a convertirse en narradores directos de su experiencia.

¿Qué contarían si lo hicieran? ¿Coincidiría su versión con la de novelistas, periodistas e investigadores?

La mía no.

Pero eso no significa que sea la acertada, ni mucho menos la única... Simplemente se trata de una descripción del paisaje desde el ojo del huracán.

Desde el ojo del huracán os puedo asegurar que los libreros no somos «médicos del alma» ni seres inapetentes capaces de consumir días enteros detrás de un viejo mostrador, con una taza de café en una mano y, en la otra, una novela de Camus o los sonetos de Shakespeare detenidos en el verso perfecto para impactar sobre el primer cliente que entre por la puerta. Desde el ojo del huracán os aseguro que un librero no es necesariamente un ratón de biblioteca, cuyo único «escondite» son los libros... Es más bien al contrario, porque los libros nunca han sido un escondite, sino ventanas y puertas abiertas de par en par por las que atreverse a salir a la intemperie. Desde el ojo del huracán os diré que, para sobrevivir, como cualquier otro ser humano dedicado a otra profesión más terrenal o más etérea —ya sean médicos o carniceros, pasando por los arquitectos, las psicólogas, los conserveros o las bioquímicas—, un librero se ve obligado a mantener los pies sobre la tierra y dominar tanto la bibliografía de Paul Auster como las maquiavélicas fórmulas de las tablas de Excel, a las que suele aferrarse para mantener su siempre frágil estabilidad económica.

Y os diré también que un buen librero es sobre todo un lector, porque, de la misma manera en que una niña que construye cohetes en su jardín con rollos de papel higiénico sueña con convertirse en astronauta, quien crece amando los libros —¡ojo!, no solo leyéndolos, sino también cuidándolos y alterando con frecuencia su orden en las estanterías de la casa para buscar sinergias nuevas— aspira quizás sin saberlo a convertirse en librera.

Al menos a mí me pasó.

Esta es la razón por la que podemos dar con un buen librero en cualquier parte —el espacio físico es un valor añadido que analizaremos después—, tanto en la librería independiente más famosa de nuestra ciudad como en la sección de libros más anodina de unos grandes almacenes. Lo hallaremos allí donde se respire ese componente invisible sobre el que las declaraciones de Almudena Amador nos invitaban a reflexionar, el halo que todo buen librero lleva consigo: una propuesta en constante crecimiento de ver y ser en el mundo.

Segunda parte

a. G. (ANTES DE GUTENBERG): MI PROPIA PREHISTORIA

La biblioteca se defiende sola, insondable como la verdad que en ella habita, engañosa como la mentira que custodia. Laberinto espiritual, y también laberinto terrenal. Si lograseis entrar, podríais no hallar la salida.

Umberto Eco, *El nombre de la rosa*

3

Los primeros recuerdos

El estrecho de Bering se congela en invierno. Lo leí cuando tenía dieciséis años y ya era consciente de mi miedo a volar. Pensaba que nunca sería capaz de subirme a un avión, pero no estaba dispuesta a descartar la idea del viaje. Quería, literalmente, llegar muy lejos; así que al comienzo de 3.° de BUP me compré una agenda pequeña con un mapamundi a doble página antes de empezar el calendario y, a lo largo de los días, iba desvelando curiosas particularidades de algunos de los lugares más recónditos del planeta. Una de ellas era cómo el estrecho, un brazo de mar entre Siberia y Alaska, con el frío extremo se convertía en hielo e, hipotéticamente, podía cruzarse a pie. Aquella revelación me llenó de esperanza.

No sé por qué este es el primer recuerdo que me viene a la cabeza después de escribir el epígrafe «a. G. (antes de Gutenberg): Mi propia prehistoria».

Cris y yo violamos las reglas una única vez, el cuarto día de confinamiento severo. Es mediodía y no hace ningún frío. Llevamos 86 horas encerradas en casa y sin ver a nadie, y ella, autorizada a salir para ir a trabajar, aprovecha la cercanía de la oficina de Sexto Piso a mi buhardilla para venir a verme. Su llamada al timbre es fugaz y su ascenso hasta mi puerta abierta en el cuarto piso, sigiloso. Tenemos miedo de que algún vecino nos pille violando la ley y, cuando por fin nos encontramos y la hago pasar a mi habitación, donde nos esperan sendas cervezas frías bajo las vigas de madera y la claraboya abierta para poder fumarnos un cigarro sin que luego apeste todo a humo, nos quedamos calladas y algo cohibidas. Me siento en la cama y ella hace lo mismo frente a mí, en el suelo. La conversación parece resistirse, las dos nos hemos preguntado si estamos bien, si lo están nuestras familias..., y después se ha hecho el silencio. Entonces ella ve el libro de Lehane.

Es el primero de la pila que a duras penas se mantiene en equilibrio en mi mesilla de noche: *Cualquier otro día.*

—¿Qué tal? —me pregunta señalando la novela con un leve movimiento de cabeza.

—Muy bueno.

Sin más explicación cojo el grueso volumen con las dos manos y busco entre sus páginas el fragmento subrayado la noche anterior. Ya es casi primavera, pero, cuando empiezo a leérselo, el cielo se muestra pesado y gris, sorprendentemente inmóvil, como si más allá de mi edificio se hubiera detenido el tiempo y con él toda actividad humana.

Entonces vio a Nora. Aunque se cubría el pelo con un pañuelo atado a la nuca, Danny sabía que lo tenía rizado e indomable y por eso lo llevaba corto. Supo por sus orejas que no había dormido bien. Sabía que tenía una mancha en la piel, en la parte baja de la columna, una mancha rojo escarlata sobre la piel blanca, una mancha con forma de campanilla. Sabía que se avergonzaba de su acento irlandés de Donegal y que había intentado desprenderse de él desde que su padre la encontró, cinco años atrás, medio muerta de hambre y congelada de frío en los muelles de Northern Avenue y la llevó a su casa.

—¿Qué te parece?

—Me parece maravilloso —dice con la mezcla de sinceridad e ironía que impregna el noventa y nueve coma nueve por ciento de sus comentarios y los convierte en indescifrables.

Sonreímos las dos e, inmersas en un extraño ambiente clandestino, empezamos a hablar de amor.

Fue Raquel quien me enseñó a disfrutar de la lectura en voz alta ocho o nueve años antes de mi secretísimo encuentro con Cristina durante la pandemia. En aquella época, Raquel vivía en la calle Espoz y Mina, en una buhardilla que no era mucho más espaciosa que la mía actual, pero contaba con una gran terraza donde a ella le encantaba reunir a los amigos cuando empezaba el buen tiempo. Casi todos los que acudían a los aperitivos que organizaba, donde nunca faltaba el alcohol y las horas transcurrían arropadas por la hospitalidad extrema de la anfitriona, pertenecían al sector editorial.[1] En uno de aquellos encuentros, el periodista Agus Alonso hizo una foto de nuestras siluetas contra el suelo de adobe y la tituló *Sombras*; en otro —o quizás fuera en el mismo—, el escritor Eduardo Laporte me dijo que tenía un aire a Patricia Highsmith en su juventud y luego me mandó por WhatsApp la fotografía de la autora estadounidense que le había inspirado ese recuerdo. Descubrí que había sido muy guapa.

Muchos pensaban que Raquel y yo éramos novias, pero no. Creo que nuestra relación nunca se ha ajustado a ningún nombre, aunque sí a una dinámica: ella me eligió y, como hace siempre con todo lo que elige, decidió regalarme su fuerza y su apoyo incondicional, así como su ímpetu arrollador e inflexible, dispuesta a enseñarme a valorar todas las cosas a las que yo, hasta que la conocí, me había resistido por considerarlas pedantes o demasiado intelectuales, víctima de un prejuicio como otro cualquiera.

Uno de esos placeres se presentó ante mí una tarde de invierno en la que me invitó a su casa y, con una

1. Cuando recuerdo con Raquel aquellos días, poco a poco van saliendo algunos nombres: Laura Ceballos, Javier Gutiérrez, Recaredo Veredas, David M. Copé, Santiago Tobón, Eduardo Laporte, Mario Colleoni, Eva Boj, Agus Alonso, Javier Divisa, Gonzalo Muñoz Barallobre..., pero fueron muchos más.

copa de buen vino tinto y un cuenco de helado de vainilla de Palazzo descansando sobre la mesa baja, al lado del sofá hecho a medida que en el futuro se vería obligada a abandonar para siempre en la oficina de Sexto Piso, empezó a leerme *Reikiavik*, la obra teatral de Juan Mayorga que, a través de la percepción trastornada de dos mendigos, recrea la inmortal partida de ajedrez entre Bobby Fischer y Borís Spaski. Pocas veces me he sentido partícipe de algo tan excepcional como de aquella intimidad que construimos juntas, plagada de literatura. Fue allí, en aquellos días que también son un lugar, donde comprendí que una de las funciones esenciales de los libros es la de servir de puente y facilitar la comunicación entre las personas. Con frecuencia no nos atrevemos a hablar de nuestro propio dolor, pero sí lo hacemos de aquel que «no existe». Reflexionamos con los desconocidos que asisten a nuestro mismo club de lectura sobre la tristeza urbana del matrimonio suburbano que Jane Smiley retrata en *La edad del desconsuelo*, porque en el fondo es también nuestra propia tristeza; o discutimos acaloradamente con nuestra librera de cabecera sobre el equilibrio mental de los vagabundos de Mayorga y su repetición compulsiva de la partida, una incomprensible obsesión que nos remite secretamente a cada una de nuestras obsesiones incomprensibles...

Smiley, Mayorga y Lehane hablan por nosotros. Cada historia escrita es un reactivo de efecto imprevisible, que actúa de inmediato en el cerebro y el corazón de quien se adentra entre sus páginas.

Así es como, desde mi cuarta mañana de confinamiento en el barrio de las Letras, la memoria me devolvió a los inicios de mi amistad con Raquel, lo que, en cierto sentido, es también un primer recuerdo; el germen de mi afecto por Ale y Chris, a los que Raquel me presentó, y de nuestra sociedad para rescatar la librería.

El tiempo se parece a menudo a una *matrioshka*, no transcurre lineal, sino que se encierra en sí mismo, hacia dentro y hacia el abismo, como un juego de muñecas rusas o como esas escaleras imposibles de Escher, que se hunden, sin remedio y para nuestro asombro, hacia lo más profundo de la tierra. Todo ocurre a la vez, pero ¿cuál fue el principio? Tuvo que haberlo y hay tres preguntas que me sirven de guía:

- ¿Cuál es la prehistoria de las palabras?
- Cuál la del lector.
- Y cuál la de los libros y las librerías.

Confirmo en el diccionario —al que habréis observado que soy adicta— que la prehistoria es el «periodo de la humanidad anterior a todo documento escrito» y decido forzar el concepto, fechar mi propia prehistoria para dotar de sentido a mi modesta investigación. Así es como establezco que la prehistoria de las palabras se prolonga hasta la invención de la imprenta moderna con tipos móviles, a mediados del siglo XV, atribuida a Johannes Gutenberg, y comienza en una cueva oscura en la meseta egipcia de Gilf Kebir.

Cierro los ojos y es allí hacia donde me dirijo.

La prehistoria de las palabras

En la necesidad de contar se encuentra la prehistoria de las palabras y en la necesidad de dejar testimonio, de que nuestro mensaje permanezca incluso cuando nosotros hayamos desaparecido, la prehistoria de las palabras escritas. Es esto último lo que más me interesa. Veo en cada libro expuesto en las mesas de novedades de la librería y refugiado en sus estanterías la prueba flagrante de nuestra naturaleza, presidida por el deseo de hacer saber al otro lo que nos pasa, de exteriorizar lo que imaginamos y lo que sentimos, de dejar nuestra huella en forma de anécdota, recuerdo u opinión.

El relato es lo que cuenta, incluso para nosotros mismos, que escribimos en las redes, en diarios y en agendas con la esperanza secreta de no olvidar jamás, como si el presente no fuera suficiente para identificarnos, quiénes hemos sido.

El domingo 18 de diciembre de 1994, Jean-Marie Chauvet llevó a sus amigos Éliette Brunel y Christian Hillairie a practicar senderismo a los barrancos de Pont d'Arc, en Ardèche, y, durante su paseo, una pequeña oquedad les llamó la atención. Amantes de la espeleología, no se resistieron y decidieron investigar aquel agujero del que salía un airecillo agradable, una ligera brisa que auguraba un gran secreto: quizás la muestra de pintura rupestre más antigua del mundo.[2]

Alguien pintó con tizón y pigmentos rojos mamuts, felinos, rinocerontes y osos hace 36.500 años, en la cueva paleolítica de Chauvet-Pont d'Arc.

Y un poco después, aproximadamente hace unos 10.000 años, en el Neolítico, alguien pintó los nadadores de la gruta de Gilf Kebir en el Sáhara, muy cerca de la frontera entre Egipto y Libia.

Las imágenes y la roca fueron primero. Llegaron antes que el papel y las palabras, y yo no fui consciente de la magnitud de su significado hasta que cerca de mis dieciocho, cuando ya había decidido que quería escribir y estudiar Periodismo, pero aún no me podía imaginar que acabaría siendo librera, en una de mis visitas semanales al cine, todavía en Valencia, me metí por casualidad a ver *El paciente inglés.* A medio camino entre la realidad y la ficción, la película de Anthony Minghella, basada en la excepcional novela de Michael Ondaatje —que, por supuesto, devoré después—, se inspira en la figura del aventurero austrohúngaro László Almásy y su búsqueda del oasis perdido de Zerzura, que lo llevó

2. Podéis encontrar toda la información sobre la gruta Chauvet-Pont d'Arc en <https://bit.ly/3IDI4Ic>.

a descubrir la cueva de los nadadores en el otoño de 1933.[3]

Dejando a un lado el hecho histórico, mucho más árido, yo caí rendida ante el romanticismo fatal de la cinta, que sumaba al hallazgo de las pinturas neolíticas el halo glamuroso y prebélico de la última época de las expediciones y las sociedades geográficas, así como un arrebatador romance entre el propio Almásy, que jamás se separaba de un gastado ejemplar de la *Historia*, de Heródoto, en el que iba intercalando mediante recortes, ilustraciones y fotografías su propia aventura, y una culta y sofisticada mujer casada que nunca existió: la maravillosa Katharine Clifton.

Durante los créditos de apertura del filme, y con una sugerente nana húngara de fondo, una mano femenina dibuja con un pincel bañado en tinta ocre, sobre una postal con textura de papiro, la esquemática y esbelta figura de un nadador. Está reproduciendo las ilustraciones milenarias de la pared de la cueva, cuyo valor reside no solo en su antigüedad, sino también (y sobre todo) en su importancia como testimonio: sugieren que una vez hubo agua donde ahora no hay más que desierto.

Los dibujos no son palabras escritas, pero en Gilf Kebir actúan como ellas, las preceden en un estimulante ensayo narrativo, y los nadadores, reproducidos por Katharine con maestría, terminan entre las pági-

3. Para saber más sobre Almásy y su descubrimiento: Ladislaus E. Almásy, *Nadadores en el desierto*, A Coruña, Ediciones del Viento, 2022.

nas de la *Historia* de Almásy, mezclados con las reflexiones que Heródoto escribió en algún momento del siglo V a. C. y las notas del aventurero del XX, que ama a Katharine en secreto, identificándola con una escueta K., y utiliza cualquier recorte para divagar sobre su deseo en principio insatisfecho. Así es como el libro se convierte en un símbolo —todo libro adquiere ese valor cuando encuentra un dueño—, se convierte en único, porque ese ejemplar de *Historia* y no otro es, a la vez, el relato de la pasión de Almásy y del descubrimiento de la cueva, encierra las leyes de un universo irrepetible y nos devuelve al concepto del tiempo en espiral, a la idea de esa historia infinita de la que nadie se libra de formar parte.

Lo primero que hice después de aprenderme la película de memoria —la vi en el cine unas cinco o seis veces— fue ir a Soriano para pedirle a Pili la *Historia* de Heródoto, que ella me consiguió en una reconocible edición de Cátedra y, como siempre, impertérrita, sin hacer comentario alguno acerca de mi ecléctico abanico de lecturas, que entre Shirley y el historiador de Halicarnaso se había ido enriqueciendo a golpe de obsesión con *El silencio de los corderos* —el *thriller* que todo buen aspirante a autor de novela negra debería memorizar— o la inquietante y ya convertida en *long seller La insoportable levedad del ser*, entre otros muchos títulos.

Como nota personal, escribí en las portadillas, rematando el texto con mi rúbrica:

9 de septiembre de 1999

No he comprado este libro por ninguna de las razones que podrían sospecharse para hacerlo..., no, el único motivo que me llevó a traerlo a casa es el recuerdo de *El paciente inglés,* que intercala entre las historias de Heródoto su propia historia. Yo intentaré hacer lo mismo.

Pero no tardé en darme cuenta de que mi propósito era imposible, porque yo no era Almásy, ni Katharine —terrible, yo soñaba con ser ella—, y por más que me obligaba a llevar conmigo el libro de Heródoto a todas partes, haciéndome la interesante y la rara entre mis amistades preuniversitarias, y a fingir interés al abrirlo al azar y adentrarme en alguno de los múltiples relatos que contenía, yo quería leer otra cosa. Me apetecía más deslizar la mirada por las novelas contemporáneas que mi padre, el lector más voraz que he conocido, acumulaba en su despacho, al que nunca nos estuvo prohibida la entrada y que él se obstinaba en llamar «biblioteca».

Hoy la «biblioteca» todavía existe. Es una habitación al final de uno de los largos pasillos del hogar que mi padre diseñó para nosotros, pero hace ya mucho que se quedó pequeña y los libros colonizaron otras estancias de la casa sin encontrar por parte de sus habitantes ninguna resistencia.

Rebusco con cautela entre los volátiles recuerdos de mi infancia. Lo hago con guantes y máscara de artificiero, porque la niñez, y más si fue feliz, es un territorio plagado de trampas, donde la emoción y la nostalgia acechan a la vuelta de cada esquina; y yo fui muy feliz.

Con un esfuerzo mínimo vuelvo a una mañana de invierno de los ochenta y veo a mi padre junto al Renault 21 ranchera que mis tres hermanos y yo ocupábamos a diario para que, de camino a su estudio de arquitectura, nos dejara en el colegio. Cuando éramos pequeños, mi padre fumaba Ducados y, mientras terminábamos el desayuno en la cocina de azulejos blancos y azules, se bajaba a la calle para esperarnos con un cigarro y muy poca paciencia. Me gustaba observarlo en secreto desde la ventana. Supongo que, igual que hoy, ya entonces lo admiraba mucho. Nunca fue un hombre tranquilo, más bien al revés, se irritaba con facilidad, pero nos quería con locura y dos eran las pruebas más flagrantes de su afecto aún inamovible: que no faltaran nunca en la nevera nuestros alimentos favoritos —puesto que para él uno de los mayores placeres de esta vida es comer— y las espectaculares visitas anuales de los Reyes Magos.

A mis siete u ocho años se dieron cuenta de que tenía facilidad para la lectura. Había un kiosco delante de nuestro portal y, mezclados con las chucherías y los periódicos, estaban a la venta los clásicos adaptados y con viñetas de cómic de la colección de

Bruguera «Historias Selección». Uno a uno, con la condición impuesta por la profesora de rellenar una ficha al concluir cada ejemplar, mi madre me los compró prácticamente todos. Eran unos libritos cuadrados y con las tapas de un dorado con brillo, casi amarillo. En la cubierta, el título en letras blancas, mayúsculas, sin rasgo, y una ilustración de corte tradicional, como avanzadilla de las aventuras y los seres fantásticos que cada volumen ocultaba en su interior. *La isla del tesoro, Oliver Twist, Los tres mosqueteros* o *Viaje al centro de la tierra...*, ¿cuánto leí sin comprender demasiado?

Adivino ahora, con la perspectiva del tiempo a mi favor, que la mejor definición para mi primer acercamiento a la literatura fue aquel «dar cera, pulir cera», la célebre instrucción del señor Miyagi a Daniel LaRusso en *Karate Kid*, porque, estimulada por la aprobación que despertaba en el entorno de mis adultos preferidos el verme leyendo —fui víctima ya entonces de la importancia de las apariencias, que en el caso de los libros cristaliza en una máxima sorprendente, la de que no solo se compran para leer—, convertí la lectura en un hábito, a pesar de que eran muchas las cosas que no entendía y, atrapada en mi congénita timidez, ni siquiera era capaz de preguntar.

Fue así como inicié una especie de extraño camino hacia el zen antes de cumplir los diez y con una pila de «Historias Selección» en la mesilla, adquirida en un kiosco, uno de esos lugares que no solemos tener en cuenta a la hora de visualizar los espacios de venta de libros y que, sin embargo, contribuyen a su difusión, como las tiendas de las estaciones y aeropuertos, o las gasolineras y las áreas de servicio.

Afortunadamente para mí, el placer que produce la comprensión del texto no se hizo esperar demasiado, llegó con uno de los regalos de Reyes más significativos de mi vida. Ese fue el día que alcancé la iluminación y me convertí, de verdad, en lectora.

La prehistoria del lector

Salto hasta el amanecer frío de un 6 de enero y me veo a mí misma con dos coletas y un batín de guata azul celeste encima del pijama, recorriendo con la cautela propia de la ingenuidad que acompaña a la infancia los escasos metros entre la habitación que compartía con mi hermana y la puerta de doble hoja del salón, que la noche de Reyes siempre se quedaba cerrada. De fondo me parece oír la voz de mis padres: «¿Habrán venido?».

Siempre venían.

Y siempre cumplían con creces, desbordándolos, los deseos que Ana, Rafa, Boro y yo dejábamos volar en nuestras cartas.

Aquel año, yo había pedido libros, y libros fue lo que encontré sobre la mesa de café, pero no dos, ni tres, sino unos treinta, la mitad del Barco de Vapor Azul y la mitad del Barco de Vapor Naranja. Entre ellos estaba *Saltad todos,* de Ken Whitmore, la primera novela que comprendí por completo y con la que me emocioné, la aventura de un niño que tenía que poner de acuerdo a todos los seres vivos del planeta para que saltaran a la vez, porque solo así se podría salvar la Tierra.

Sin duda fue gracias a la fantasía de Whitmore que yo alcancé al cien por cien la comprensión lectora, y con ella llegó la introspección y el privilegio fascinante, reservado a todo aquel que lee bien, de viajar hacia dentro, alejándose de la realidad física como quien pasa de estar plantado en la luna a observarla por un telescopio; la posibilidad de levantar, dentro de uno mismo e invisibles, innumerables planetas, constelaciones y galaxias, y también terrores, pasiones, alegrías y penas, porque el lector es el ladrón que conoce las palabras mágicas y las pronuncia delante de la gruta donde se ocultan todos los tesoros del mundo, para desaparecer luego en su interior con la intención de disfrutarlos sin compañía.

El tiempo y el espacio se confunden.

El tiempo es «todo» el tiempo, como una vez escribió Manuel Astur,*[4] y el espacio, la pista de despegue de un avión ultrasónico, mi habitación en casa

4. Manuel Astur, *San, el libro de los milagros,* Barcelona, Acantilado, 2020, p. 9: «Estuvimos a punto de callar. Primero, lo dejamos para más adelante. Más adelante, lo postpusimos para después. Pero nunca llegaba el momento. Por fin, nos dijimos: no, este momento es el momento porque es todos los momentos. Tenemos la voz y tenemos el tiempo. Tenemos todo el tiempo».

de mis padres. No hay que olvidar que yo era solo una niña y fue allí donde, a base de repetir el gesto mecánico de abrir un libro, de pronto se produjo el milagro... Me detengo un segundo para preguntarme si estoy utilizando la palabra adecuada: ¿se puede considerar un milagro aquello a lo que casi el 90 por ciento de los hombres y las mujeres adultos del globo tienen acceso?[5] ¿Es esta la palabra adecuada para definir, ya no la alfabetización, que en España, según la Unesco, alcanza a más de un 98 por ciento de la población, sino también la extinción de un concepto mucho más difícil de erradicar, el del analfabetismo funcional, que implica, además de conocer el código, ser capaces de asimilar lo descifrado y entenderlo?

La respuesta es sí, por dos razones, ambas cuantitativas: la primera, porque no por repetido un milagro deja de serlo; la segunda, porque la eficacia de la lectura se bate en permanente desafío con el transcurso de la Historia y, al menos por ahora, por increíble que parezca, se mantiene a flote. Hay un hilo transparente (y larguísimo) que une mi cuarto de la niñez con el 3500 a. C. en Babilonia, cuyos habitantes inventaron el arte de escribir y, sin saberlo, convencidos inicialmente de que lo que estaban poniendo en práctica no era más que una herramienta comercial capaz de ayudarlos en la aséptica tarea de

5. Según datos de la Unesco, en 2022, el 87 por ciento de la población mundial mayor de quince años sabe leer y escribir: <https://bit.ly/3EnNxQO>.

administrar propiedades y mercancías, prendieron una llama incombustible.

Cuenta Alberto Manguel en *Una historia de la lectura* que, en el segundo milenio a. C., la escritura de los moradores de la Baja Mesopotamia pasó de pictográfica a cuneiforme, compuesta por «signos en forma de cuña que representaban sonidos en lugar de objetos», y con esta transformación —añado yo— dio el salto definitivo de las tablillas de arcilla de los escribas, donde cumplía la misión equivalente a las tablas de Excel de nuestros días, a las de los poetas. He aquí los antecedentes de las Moleskine y, posteriormente, del Word.

En su magnífico ensayo, Manguel imagina el día del segundo milenio a. C. en el que debió de recitarse por primera vez *La epopeya de Gilgamesh*, la obra épica más antigua conocida, que ya aborda la lucha eterna del hombre contra el miedo a la muerte; y también destaca el hecho de que, un poco antes, aproximadamente en el 2300 a. C., nació el primer autor —que fue una autora— mencionado en una cita histórica: la princesa Enheduanna, suprema sacerdotisa del dios de la luna, Nanna, y compositora de una serie de cantos en honor a Inanna, diosa del amor y de la guerra.

Con cada uno de estos hitos, que abrieron una espita de forma irreversible, empezaron a perfilarse con cautela las figuras del autor y del lector (entendido este último también como público, como receptor de un mensaje ya artístico), más nítidas cuanto más se aproximaba la función de la escritura a la creación, el último peldaño de una escalera que tenía el primero en la misión de registro e interpretación de los escribas y que estaba destinada a prolongarse imparable hacia el elevado territorio de lo implícito y lo intangible, de la emoción, aquel donde el espíritu mercantil y especulativo no tenía cabida: el territorio de la literatura; los dominios de lo aparentemente inútil.

La prehistoria de los libros y las librerías

Tengo en la buhardilla una foto de mi familia. Es del bautizo de mi sobrino Rafa. Durante el confinamiento, en mi pulso contra la soledad, a menudo la miraba con curiosidad sin saber muy bien lo que buscaba en ella ni por qué me calmaba: en la instantánea aparecemos, delante de la iglesia, mis padres, mis hermanos y yo, y en el centro mi cuñada Rocío, que sostiene al bebé envuelto en un faldón blanco. Todos sonreímos. Fue una tarde de sol. Rocío es una madre espléndida.

Cuando Rafa tenía dos años y medio nació Pablo, su hermano pequeño, y la noche antes de llevar a Rafa al hospital para que lo conociera y se reuniera con sus padres me tocó a mí dormirlo. Yo había viajado a Valencia desde Madrid para el gran acontecimiento y llevé un regalo conmigo, el álbum ilustrado de Chris Haughton *Un poco perdido*, la aventura de un buhito que, al dormirse, se cae del nido y deambula por el bosque preocupado, con ganas de encontrar a su mamá y haciendo un montón de amigos en el proceso que, por supuesto, culmina con éxito: las últimas páginas del relato muestran a la gran mamá búho y el buhito muy felices por volver a estar juntos.

Le leí a Rafa *Un poco perdido* —o, para ser más precisa, lo «declamé» para él— y enseguida me di cuenta de que se había quedado fascinado por la representación que Haughton hacía del abrazo final entre el buhito y la mamá búho. De hecho, cada vez que terminábamos el cuento, poseído por ese característico amor infantil a la repetición que a tantos adultos saca de quicio, me pedía que lo volviéramos a empezar, y me obligaba con su mano diminuta a pasar más y más deprisa las páginas que nos separaban del desenlace porque quería llegar cuanto antes al momento del reencuentro, a lo mejor simplemente porque le gustaban los colores de aquel dibujo o, a lo mejor —y esto es lo que me inclino a pensar—, porque a través del abrazo entre el buhito y su mamá adelantaba sin saberlo, sintiéndola sin ponerle nombre, la alegría que le esperaba cuando pudiera estar de nuevo al lado de la suya. Rafa aún no sabía leer las palabras, pero quedó claro que sí las imágenes. Las interpretaba y se emocionaba con ellas.

Con su actitud aquella noche, mi sobrino me enseñó muchas cosas. Entre ellas, que, si bien la lectura, casi casi por definición, es un acto solitario, para los primeros lectores, sin embargo, no debe serlo en absoluto. Los niños siempre «leen con» alguien, porque en realidad no leen, somos nosotros quienes les leemos y, al tiempo que les relatamos las historias que hemos escogido para ellos, las comentamos y personalizamos a nuestro antojo, adaptándolas a la particular coyuntura del futuro lector, quien, por otra parte, fantasea a partir de las ilustraciones e inventa su propio relato; una fantasía que, a veces, para nuestra sorpresa y diversión, comparten con el adulto que tienen al lado, desconcertándolo al alejarse por completo del texto con su imaginación.

No se me ocurre un ejemplo más claro de oralidad.

Y no se me ocurre un ejemplo más claro de cómo debe ser un buen librero y de la misión que las librerías independientes cumplen en el siglo XXI con quienes las visitan, una labor social, que completa el proceso de lectura y cubre una carencia: la de la oralidad perdida. En la actualidad, la oferta de las librerías independientes —venta de ejemplares, agenda cultural, selecciones monográficas relacionadas con los temas públicos de discusión, punto de encuentro del barrio en el que se ubican...— estimula y acoge el intercambio de opiniones sobre lo leído y establece ese puente de comunicación a través del libro que Raquel me descubrió una tarde en su buhardilla de Espoz y Mina. Quizás sea esta la razón de su supervivencia y la del libro en soporte papel, a pesar del furibundo ataque de los gigantes digitales y las nuevas tecnologías.

Pero ¿cómo hemos encontrado este nicho en el que enrocarnos y resistir?

Investigo sobre ellas y también las habito, y durante la pandemia, en un día a día emocionante y sin tregua, me doy cuenta de que las librerías independientes, además de ser muy queridas, son escurridizas como las culebras, capaces incluso, como veremos más adelante, de aliarse con la red, su aparente enemiga, y cambiar de color como los camaleones en su obstinada lucha por sobrevivir. Eso sí, su constante transformación se detiene siempre ante dos intocables líneas rojas que constituyen su esencia: la venta de libros como función principal —y esto nos remite a la palabra *comerciante*, que María Moliner utilizó con acierto en su definición de *librero*, apelando a una parte ineludible de su espíritu— y la defensa a ultranza del libro como objeto, de la forma que lo define: «Un conjunto de muchas hojas de papel u otro material semejante que, encuadernadas, forman un volumen» (RAE *dixit*).

Lo que ocurrió antes del establecimiento de estas fronteras merece un capítulo aparte, y mientras me tomo un café con leche procrastinando la hora de poner la lavadora decido titularlo «El mercado de las ideas».

4

El mercado de las ideas

En la sección infantil de la Gran Superficie de Callao destinan un par de cestas a los libros de baño para bebés. Están hechos de plástico o de tela y no tienen más de tres o cuatro páginas, a menudo troqueladas para imitar la silueta de animales, frutas u otros conceptos. Son juguetes, algunos incluso cambian de color al entrar en contacto con el agua para resultar más divertidos, pero su mecánica, la sencilla propuesta de pasar las hojas para ir descubriendo la información, emula claramente a la de un libro tradicional y tiene una misión: familiarizar a los más pequeños de la casa con su forma hasta hoy indestructible.

Queda claro que la pretensión de los padres y maestros es loable: inculcar desde la infancia el hábito de la lectura, lo que tiene de proceso, como si se tratara de una necesidad primaria que a diario, como la higiene o la alimentación, debe satisfacerse. Sin embargo, y esta es una de las muchas preguntas sin respuesta que este ensayo dejará en el aire, ¿por qué se nos olvida con tanta facilidad la conveniencia de esta práctica en nuestro tránsito hacia la edad adulta? ¿Qué nos falta en la transmisión de un mensaje tan sencillo, el de que la lectura es esencial? A menudo me reprendo a mí misma por hacer poco deporte. Salgo a correr, paseo, de uvas a peras completo una caminata por el monte..., y todo porque las campañas audiovisuales y las conversaciones con la gente que aprecio han injertado en mi subconsciente la acertada idea de que el deporte es básico para mi bienestar y no practicarlo me hace peor... ¿Cómo lograr lo mismo con los libros? Para mí es una gran incógnita, es un misterio la facilidad con que el ser humano se obsesiona con su cuerpo, para bien o para mal, y sin embargo no con su mente, a la que descuida o anestesia, anquilosándola con una pasmosa despreocupación... Pero por ahora prefiero quedarme en este punto: el periodo fugaz en el que se anima a los bebés a sostener entre sus manos su primer libro o un juguete que se le parece.

Ante tan eficaz proselitismo, cuesta creer que hubo un antes tanto para el diseño del libro, que se nos antoja eterno, como para la transacción comercial que nos permite hacernos con él, original razón de ser de las librerías.

Trasladarnos a ese tiempo anterior nos obliga a retroceder más de dos milenios y a viajar por tres continentes. El abanico de posibilidades es muy amplio, son múltiples las pistas de aterrizaje, pero siguiendo los pasos de la excepcional ruta del conocimiento de

Violet Moller,[1] nuestro destino inicial será Alejandría en el 300 a. C., el símbolo de un mundo en el que, escribe Moller, «Alejandría se hallaba situada en el centro de una gran red de ciudades, entre las que cabe citar Atenas, Pérgamo, Rodas, Antioquía y Éfeso, y posteriormente Roma y Constantinopla». Allí, «los libros y los eruditos se movían libremente en el pujante mercado de las ideas».

La persistencia del orden alfabético

Dos importantes edificios se construyeron en Alejandría por aquellos días: el faro y la biblioteca. Si fuéramos realmente viajeros en el tiempo, desde lo alto del faro imagino que podríamos contemplar con una panorámica de 360 grados el pasado y el futuro del libro en todo su esplendor, como si la ciudad fundada por Alejandro Magno, inmersa en el bullicio intelectual propio de aquel periodo de descubrimiento, fuera el centro de un curioso sistema solar que mantuviera en órbita, entre otras muchas cosas, al libro que precedió al libro tal y como lo conocemos.

1. En el excepcional ensayo de Violet Moller *La ruta del conocimiento*, Barcelona, Taurus, 2020, el punto de partida elegido para narrar la historia de las ideas del mundo clásico a partir de las ciudades que la protagonizaron es Alejandría en el 300 a. C., momento en el que el rey de Egipto Ptolomeo I fundó allí la Gran Biblioteca.

Ya sabemos que las tablillas tomaron el relevo de la roca.

Hubo una vez, en Nínive, una biblioteca que reunía más de 22.000 tablillas cuneiformes de arcilla, la Biblioteca de Ashurbanipal (668-627 a. C.), el último gran rey de Asiria.

Luego, los rollos de papiro tomaron el relevo de las tablillas.

Los egipcios descubrieron el uso del papiro para la escritura y, muy pronto, los griegos y los romanos lo adoptaron también, así fue como se convirtió en el protagonista absoluto de la Antigüedad clásica,[2] el soporte de una miríada de historias que, en su mayoría, no han llegado a nuestros días, pero cuya gestación, difusión y acogida fue el germen de todos los comportamientos y reacciones buenas y malas en torno a la escritura como herramienta de difusión para ficciones e ideas: en el siglo v a. C., las librerías de Atenas fueron mencionadas por primera vez en las comedias[3] y, también en ese mismo lapso de cien años y en el mismo lugar, se produjo una de las primeras quemas de libros, la de la obra de Protágoras, que ardió en la plaza de la polis para que todo el mundo viera el fuego; en el 323 a. C., Alejandro murió en Babilonia, se dice que con la *Ilíada* entre las ma-

2. Entre el siglo v a. C. y el siglo II d. C.

3. Este dato, como la mayoría de los acontecimientos mencionados en este apartado, figura en Alfonso Reyes, *Libros y libreros en la Antigüedad*, Madrid, Fórcola Ediciones, 2011.

nos[4] —la obra de Homero[5] podría considerarse el primer *best seller* del que tenemos noticia—... y, en algún momento del siglo III a. C., tal era la importancia conferida al conocimiento, que al diseñar Arquímedes para Hierón II el barco más grande de la Antigüedad incluyó en él una biblioteca; casi paralelamente, a Calímaco de Cirene se le ocurrió que el mejor sistema para organizar otra, la de Alejandría, era el orden alfabético. Esta revolucionaria decisión tuvo tal impacto que el orden alfabético sigue siendo hoy el sistema preferido de los bibliotecarios y los libreros..., aunque no es el único.

Existen los llamados «itinerarios emocionales», el orden cronológico, la colocación por editoriales, incluso por colores o por signatura topográfica[6] —basta con asomarse a la librería Finestres, en Barcelona, a París-Valencia, en Valencia, o a La Central de Callao, en Madrid, para comprobar que cada librería es un universo con unas reglas propias e inimitables—, pero no hay nada más fácil que decir «de la

4. Alberto Manguel, *Una historia de la lectura*, Madrid, Alianza, 2020.

5. Eso sí, «si Homero existió realmente o no, es un enigma no resuelto», nos dice Sabino Perea Yébenes en su *Vida y civilización de los griegos*, Madrid, Sílex, 2020.

6. La «signatura topográfica» es la señal de números y letras que se pone en un libro para indicar su colocación dentro de una biblioteca o archivo.

A a la Z», ni nada más ineludible, porque el orden alfabético es como el bronquiolo con el diámetro más microscópico del sistema respiratorio.

Hace muchos veranos, cuando mi hermana y yo apenas habíamos dejado de ser unas niñas, recibimos el permiso de mi padre para organizar su caótica reserva de libros, que por aquella época crecía constantemente porque tenía la costumbre de visitar todos los fines de semana las librerías del centro de Valencia y volver a casa con un par de novedades de ensayo o literatura contemporánea que nadie más leía y al librero le costaba encontrar. ¿Quién nos iba a decir que aquella experiencia no era más que un preámbulo de las dinámicas que marcarían nuestras vidas —mi hermana también es librera— para siempre?

Roberto Calasso escribió una vez que una biblioteca privada tiene un carácter de «involuntaria confesión» y el hecho de aventurarse a ordenarla «puede remover las aguas más profundas».[7] La biblioteca de mi padre, aunque él no lo sabía —esas cosas no se piensan—, reflejaba su mente, era (es) como un boceto a carboncillo siempre inacabado y en construcción de su extraño mundo interior, al que nunca tuvimos acceso por completo, pero sí pudimos entrever asomándonos a los títulos que devoraba y luego comentaba con pasión cuando bajábamos a

7. Roberto Calasso, *Cómo ordenar una biblioteca*, Barcelona, Anagrama, colección «Nuevos Cuadernos Anagrama», 2021.

comer al Piko's Bar los domingos: David Leavitt, Tahar Ben Jelloun, Álvaro Pombo, Ha Jin..., dar con autores de culto o editoriales poco conocidas lo hacía sentir orgulloso.

Internet aún quedaba lejos, así que Ana y yo compramos un pequeño archivador verde, que aún hoy va a la deriva por la casa, y un par de paquetes de fichas de cartulina en las que fuimos catalogando con paciencia cada ejemplar. A esta tarea dedicamos varias tardes, todas ellas calurosas. El despacho de mi padre tenía las paredes forradas de estanterías de madera oscura que llegaban hasta el techo y los libros leídos tiempo atrás, inmóviles durante meses e incluso años, nos llenaban las manos de polvo al rescatarlos. No estaban muy sucios, pero sí dormidos; descansaba sobre ellos esa lámina de bruma que suaviza el tacto y predispone a quien los despierta de su descanso a una actitud de respeto. Hay dos cosas que le otorgan al libro un plus de dignidad y refuerzan su carácter de llave mágica: el polvo y las dedicatorias.

Y la biblioteca de mi padre contaba con ellas.

Él tenía la costumbre de dedicarse los libros a sí mismo, olvidando retazos de su propia biografía en la antesala de los relatos que otros habían escrito. Lo hacía a lápiz, en la esquina superior o inferior de una de las portadillas en blanco, a menudo con mayúsculas y con pocas palabras. No sé si para Ana, pero para mí leer aquellas escuetas notas, de caligrafía clara pero a menudo de significado incomprensible, resultaba adictivo, y con los años, al visitar con mi amigo el escritor y librero Iñaki Echarte,* con quien trabajé en la Gran Superficie de Callao, las librerías de segunda mano de Madrid, convertí en un ritual detenerme tanto en los títulos impresos en los lomos de los ejemplares «abandonados» como en las dedicatorias que con frecuencia escondían en su interior.

Ana y yo trabajamos sin descanso, y el pequeño archivador verde se fue llenando de fichas ordenadas de la A a la Z, por autor.

Ninguna de las dos habíamos oído hablar de Calímaco.

Una pregunta sin respuesta

Hay una pregunta que, hasta ahora, nadie ha podido responder: ¿cuál fue la primera librería del mundo?

Pólux, un lexicógrafo del siglo II, cuenta que, en el 430 a. C., las librerías de Atenas fueron mencionadas en las comedias, descritas como «barracas donde se venden libros»; Irene Vallejo, en *El infinito en un junco*, señala que, en ese mismo siglo, los poetas cómicos atenienses ya tenían una palabra para referirse a los vendedores de libros, que eran rollos de papiro: *bybliopolai*. Lo que parece estar claro es que la figura del librero, en aquel tiempo a menudo ambulante, antecede a la del espacio físico e inamovible de la librería; y también que, antes de perfilarse, independientes, los distintos actores de la cadena (autor-editor-distribuidor-librero-lector), los tres perfiles centrales fueron solo uno, porque quien editaba era a su vez el que vendía.

En cuanto al autor, tardaría mucho en recibir a cambio de sus escritos otra cosa que no fuera la fama[8] —no ocurrirá hasta el siglo XVIII, durante el reinado de Ana Estuardo, por cierto magníficamente retratada por Yorgos Lanthimos y Olivia Colman en *La favorita*—; en cuanto al lector, en una constante convivencia con la oralidad, sus filas, como las de un ejército, se fueron incrementando durante la Antigüedad de forma amenazadora y silenciosa, desde la escuela de muchachas jóvenes de Lesbos a la Academia de Atenas, pasando por la fundación de las bibliotecas de Alejandría y Pérgamo, hasta que fue «casi imposible encontrar en una provincia un súbdito romano de educación cultivada que no conociera a la vez la lengua griega y la latina».[9]

Sí, aquí podríamos escribir (y escribo), recurriendo a una manida comparación, que el acceso al conocimiento se extendió como un virus. Pero ¿por qué no como un antídoto? ¿Por qué tendemos a asociar el saber demasiado con el peligro?

Saber es despertarse.

Quizás por eso la historia de las librerías va indisolublemente unida a la de la subversión y quien se

8. El derecho romano ignora el derecho de propiedad literaria. Véase Alfonso Reyes, *op. cit.*

9. Edward Gibbon, *Decadencia y caída del Imperio romano*, Girona, Atalanta, 2011.

convierte en librero corre el riesgo de creerse miembro de una élite. Esto último es un gran error, porque los líderes a menudo pierden la perspectiva y el equilibrio, y se escoran hacia lo que defienden, actitudes que van contra la esencia del vendedor de libros y su disposición para aprender no solo de lo leído, sino también de la conversación con sus clientes. Una librería no debe ser el reino de quien la gestiona, sino un espacio neutral de libertad, que estimule la discusión.

Durante la hegemonía romana, el negocio del libro se consolidó —y el término *negocio* no es casual, porque tan necesario es el equilibrio económico como el romanticismo para la supervivencia de las librerías— y, a finales del siglo III d. C., cuando Roma contaba con más de una veintena de bibliotecas públicas, el pergamino,[10] hecho de cuero de res, tomó el relevo del papiro. Su llegada precedió al códice, de la misma manera en que el esplendor y posterior decadencia del Imperio romano precedió a las invasiones bárbaras, una de las etapas de la Historia más oscuras.

10. El término, según Alfonso Reyes, *op. cit.*, apareció por primera vez a mediados del siglo I.

5

La memoria del mundo

El Programa Memoria del Mundo,[1] uno de los símbolos más claros de memoria colectiva que conozco, es una iniciativa internacional, coordinada por la Unesco desde 1992, que garantiza la conservación del patrimonio histórico documental de mayor relevancia para la humanidad. Entre los textos españoles incluidos destacan el *Tratado de Tordesillas* (1494), las *Capitulaciones de Santa Fe* (1492), el manuscrito del *Llibre del Sindicat Remença* (1448-1449), los *Decreta* de la curia Regia de León (1188), los documentos españoles y japoneses relativos a la embajada Keicho Tsunenaga (1613-1620), la obra de Fray Bernardino de Sahagún, los *Comentarios al Libro del Apocalipsis* (Beato de Liébana), los *Vocabularios de lenguas indígenas del Nuevo Mundo traducidos al español*, el Archivo General de Simancas, el Archivo de Santiago Ramón y Cajal y la Escuela Española de Neurohistología, y el

1. Más información sobre el programa en <https://bit.ly/4197wwa>.

Códice Calixtino y otras copias medievales del *Liber Sancti Iacobi.*

Yo descubrí la Memoria del Mundo en Ponferrada gracias a mi amigo Mario Tascón,* un bibliófilo empedernido, capaz de ver las sinergias entre la tradición, que se sustenta en la fisicidad del libro, y el progreso, una ambición que se refugia en lo virtual y en un concepto que seguramente superará nuestras expectativas e irá más allá de nuestros sueños, el de la inteligencia artificial.

Para Mario no hay manera mejor de ponerse en situación que entrar al azar en una librería del lugar en el que nos hallemos, porque su oferta, los títulos expuestos en los anaqueles y las mesas, nos hablarán de las preocupaciones y los anhelos de quienes orbiten a su alrededor. Mario, que es de allí, me dijo: «En Ponferrada tenemos un tesoro», y yo, que siempre le hago caso, organicé mi viaje para visitar el Castillo de los Templarios, porque es en el castillo donde, desde 2010, se encuentra abierta al público la muestra Templum Libri,[2] una exposición permanente de facsímiles que recorre, a través de un centenar de piezas, las peripecias de algunos de los ejemplares más bellos, exóticos y a menudo prohibidos en su época de la historia del libro.

A lo largo del siglo IV d. C., el códice, con un aspecto ya muy similar al del libro que hoy conocemos,

2. La colección, una de las mejores del mundo en su género, pertenece al gran bibliófilo berciano Antonio Ovalle García. Para ampliar la información, <http://bit.ly/3YIFW7n>.

fue tomando el relevo del rollo de papiro o pergamino, y a su alrededor, como la onda expansiva de una explosión, se consolidó de la mano de los bárbaros un sistema de tinieblas que habría de perpetuarse durante la Edad Media; un sistema destinado a custodiar el brillo multicolor que los amanuenses y artistas de la miniatura se esmeraban en recrear sobre sus páginas.

Me gusta la idea de una memoria global como el ojo de un insecto, compuesta por miles de ocelos, con una parte compartida y explícita, a salvo y a la vista en las galerías y los museos, en los rollos de película y las páginas de las mejores crónicas, y otra invisible e incierta, una memoria de Babel en constante crecimiento, en la que se superponen, transparentes como dioramas, los infinitos recuerdos de cada uno de los habitantes del planeta, los que llegaron antes que nosotros y los que vendrán después; una memoria sin huella, muda, pero capaz de moldear con su energía imponente de dragón el curso de los acontecimientos. Al menos en mi caso, así es como fue.

El 8 de enero de 2001, recién licenciada en Periodismo, llegué a Madrid para disfrutar de una de las cuatro becas de posgrado que anualmente concedían la Agencia EFE y el Consejo Superior de Investigaciones Científicas (CSIC). Tenía veintitrés años y nunca antes había vivido separada de mis padres y de mis hermanos, pero ya había leído sobre el desencanto en *La espera*, de Ha Jin; sobre la crueldad en *Flores en el ático*, de V. C. Andrews; sobre las profundas y a menudo intrincadas raíces de la maldad en *El libro de las pruebas*, de John Banville, y sobre un posible futuro criminal, hoy ya superado, en *Una investigación filosófica*, de Philip Kerr. También había paseado con mi tía Susana por la playa Romana, en Alcocebre, comentando el ensayo de Mario Vargas Llosa *La verdad de las mentiras*.

Había algo en la ficción que me llamaba, pero aún no sabía qué y la obra del nobel peruano, una colección de reflexiones acerca de la autenticidad del mensaje que se esconde en el corazón de los grandes clásicos de la literatura, aumentó mi interés por el misterio que relaciona la invención con la verdad.

Además me atraían el dolor y la idea de sometimiento, aunque probablemente en aquel momento no habría sabido expresarlo de forma tan clara. La juventud, oscura y luminosa a la vez, es un periodo vital en el que priorizamos el instinto; una jungla que confundimos con un lugar seguro y por la que nos movemos con temeridad, ajenos a la amenaza de miles de peligros.

Yo tuve suerte.

La residencia en la que me alojé durante mi primer año en la ciudad, Arti, estaba en la esquina de plaza de España con Gran Vía. Madrid me deslumbró. Estaba sola, tenía dinero para concederme modestos caprichos y, salvo a las familias madrileñas con las que coincidíamos todos los veranos en la playa y que me acogieron con cariño, no conocía a nadie. Dediqué los primeros fines de semana a recorrer el centro y a sentarme en las franquicias para tomar café y leer los periódicos y sus suplementos culturales con una atención exagerada. Me decía a mí misma que lo hacía porque me estaba convirtiendo en una periodista de verdad, pero lo cierto es que lo único que pretendía con mi concienzuda lectura era matar el tiempo.

Recorrí, sobreponiéndome a un frío que en Valencia hubiera resultado insólito, los alrededores del Palacio Real, el perímetro del estanque en El Retiro, las calles míticas que desembocaban en Sol, la recta interminable de Serrano, la plaza Mayor y la plaza de los Cubos, que muy pronto se convirtió en mi lugar porque era inevitable pasar por ella para llegar a mis cines favoritos: los Princesa, los Alphaville, los Renoir... ¿Cuántas películas vi? El cine se convirtió en mi refugio. Aún existían el cine Azul, el cine Rex y las multisalas de la plaza de la Luna, donde coincidí en la cola para ver *Inteligencia artificial* con Gonzalo Suárez y Pedro Almodóvar, y presa de la admiración no me atreví a decirles nada. Recuerdo que era un viernes y los tres, cada uno por nuestro lado, sorteamos, mientras esperábamos que abriera la taquilla, la amenaza de la lluvia.

Mi ADN adulto, cada una de mis huellas como mujer independiente, se dibuja en Madrid. Lloré mucho durante aquellos primeros meses, añoraba Valencia, le enviaba largas cartas manuscritas a mi tía abuela Ángela y volvía a menudo para comer paella y dormir la siesta en uno de los sofás del comedor de la casa paterna, delante de la televisión. Sin embargo, poco a poco, casi sin darme cuenta, algo cambió y pasé de observar a pertenecer, porque empecé a conocer gente y ya no a leer, sino a devorar novelas. Comencé a levantar mi propio mundo, cimentado en la pérdida del miedo a los demás, los trayectos que me imponía el trabajo en la agencia de noticias y las largas sesiones de lectura en mi diminuta habitación en el tercer piso de la residencia, con un balconcito a la plaza de los Mostenses y un baño compartido con Óscar, de Zamora, y Ana, una venezolana que estudiaba en Georgetown y con la que acabé sellando una amistad basada en el descubrimiento de nuestra propia identidad y de aquella ciudad —esta ciudad—, que durante 2001 se puso a nuestros pies.

También me enamoré de un chico que llevaba 27 pendientes y, por supuesto, no me correspondió.

Fui feliz. Y lo mejor es que ya lo supe entonces, con lo que no guardo en mi interior ni una pizca de remordimiento por lo que no hice, porque lo hice todo. Entre otras cosas, aventurarme un sábado por la tarde hasta Gran Vía, 29, y, guiada por las recomendaciones de *Babelia*, entrar en La Casa del Libro[3] para buscar una novela que describía la rutina de un hospital psiquiátrico, *Monte miseria*.

Creo que, junto con Strand en Manhattan y las librerías de Tokio Kitazawa, en el barrio de Jimbocho, y Tsutaya Books,[4] en Daikanyama, que ocupa tres edificios conectados por Magazine Street, La Casa del Libro de Gran Vía en su versión 2001 es la librería que, al menos por ahora, más me ha impresionado en la vida. Sé que me queda mucho por ver... María me habla de la librería Péndulo, en México D. F.; Natalia, de El Ateneo, en Buenos Aires; Armando, de Lello, en Oporto; Fátima, de su Ibercultura, en Lucerna; Chris viaja solo hasta The Hermitage Bookshop, en Denver, y con Alessandra visita Aardvark Books, en Brampton Bryan (Reino Unido), y Shakespeare & Company Booksellers, en Viena. Mandan fotografías. Además, en mis búsquedas y lecturas tomo nota mental de intentar no morir antes de volar a China para ver alguno de los locales de la cadena Zhongshuge y me intereso por ese gran vacío en los libros sobre libros que es África. Tirando de este

3. Fundada en 1923, actualmente La Casa del Libro, propiedad del Grupo Planeta, cuenta en España con más de 40 puntos de venta, pero su espacio más popular sigue siendo el de la Gran Vía madrileña.

4. Tsutaya es el nombre de una cadena que tiene librerías abiertas por todo Japón, pero sin duda su tienda en Daikanyama es la más emblemática.

hilo descubro la historia de la librería Al Kitab, en Túnez, fundada en 1967 por Lilia Tej Kabadou, considerada la primera mujer librera del mundo árabe, y ahora regentada por su hija, Selma Jabbes, que en una entrevista a la revista *ActuaLitté*, y teniendo en cuenta el pasado y el presente de su país, definió los libros como «objetos considerados durante mucho tiempo peligrosos».[5]

Pero la «impresión» que algo o alguien deja sobre nosotros no depende ni de su tamaño ni de su ubicación ni, en el caso específico de las librerías, del volumen o la calidad del fondo que albergan o del peligro que han corrido por obstinarse en permanecer abiertas... Depende exclusivamente de nuestro ánimo, que es como el papel sobre el que se revela una fotografía; y en 2001 mi ánimo inflamable era el de una descubridora.

La Casa del Libro de Gran Vía tiene cuatro plantas y decenas de miles de libros. Entre ellos, hace veintiún años, yo encontré *Monte miseria*, la novela en la que Samuel Shem aborda la enfermedad mental desde la perspectiva de un médico en prácticas.

La locura somete a quien la padece, justifica el control, la privación de libertad y la tutela, y partiendo, por ejemplo, del *Quijote* es uno de los temas fundamentales de la literatura universal. Quizás, junto

5. En este enlace, la entrevista completa a Selma Jabbes, «Tunisie: "Le livre a été considéré longtemps comme un produit dangereux"», *ActuaLitté*, 9 de marzo de 2018, <http://bit.ly/3IigI8O>.

con el crimen, el que más me interesa. A mis dieciséis, gracias a la recomendación de mi profesora, la hermana Cristina Sánchez Lanau, y a la diligencia de Pili, la librera, había leído *Los renglones torcidos de Dios* y las tribulaciones de Alice Gould se habían quedado conmigo para orientar mi curiosidad y mis gustos hasta aquella librería gigantesca, sobre la que, en aquel instante, no me detuve a reflexionar. Simplemente me limité a formar parte de ella, me perdí entre sus estanterías de color verde y, emulando a fray Guillermo de Baskerville y su inseparable Adso de Melk en su recorrido por la biblioteca de la abadía italiana que acoge los sangrientos asesinatos de *El nombre de la rosa*, deambulé sin rumbo por sus secciones haciendo caso omiso a la señalética amarilla, como quien ha perdido toda esperanza de dar con la salida en un complejo laberinto y sabe que jamás logrará escapar; algo que, en cierto modo, es lo que me ocurrió a mí, porque, en cuanto di mis primeros pasos en él, supe que nunca abandonaría el mundo del libro.

Pero no quiero divagar.

Sé perfectamente la utilidad de este recuerdo.

La Casa del Libro de Gran Vía se presentó ante mí opulenta y accesible, contrapunto perfecto al momento de la historia en el que nos habíamos detenido, el de la llegada de los bárbaros, que limitaron con su rudeza la expansión de la cultura y la enjaularon entre las paredes de las bibliotecas que sobrevivieron a su ataque y las dependencias húmedas y a menudo remotas de los monasterios. Fue en ellos donde, a lo largo de la Alta y Baja Edad Media, el saber se encerró bajo llave, quizás porque se intuía en él la capacidad de ataque de un peligroso felino, y allí se copiaron e ilustraron algunos de los ejemplares más bellos y luminosos que podamos imaginar y cuyas reproducciones yo descubrí en Ponferrada una mañana de verano, mil años después de que un monje anónimo dedicara las escasas horas de luz en su mesa del *scriptorium* a trabajar sin saberlo en la futura «memoria del mundo».

A los bárbaros, en la península, les sucedieron los árabes, que se encontraron con un escenario de extrema pobreza en el que, si la palabra escrita había sobrevivido, había sido, por un lado, gracias a la religión, el dinero y la investigación científica, tres abismos oscuros y silenciosos en los que el libro siempre ha encontrado cobijo y sobre los que se han escrito muchas líneas; y, por otro, gracias a su función más práctica, la misma que había estimulado su aparición y que en unos tiempos difíciles para la creación se convirtió en su salvavidas. Uno de los documentos que confirman esta última afirmación y se conservan aún en nuestros días es la popular *Nodicia de Kesos*, fechada a finales del siglo X y con un fin claramente organizativo: inventariar los quesos de la despensa del monasterio de los santos Justo y Pastor, en La Rozuela, muy cerca de León. Se me ocurren pocos usos de la escritura más pedestres y, simultáneamente, más necesarios.

Con la contemplación de la *Nodicia de Kesos* como asignatura pendiente, me conformo con fantasear a partir de los nombres de los códices y los cánones, que me parecen mágicos: *Libro de Kells, Libro de las suertes, Canon de Avicena...* Mientras los admiro y permito que me emocione su extraordinaria belleza, junto a la entrada a una de las salas de Templum Libri leo: «Sus imágenes nunca son inocentes, pues todas tienen la finalidad de expresar la relación con lo sagrado, con el poder o con la ciencia».

Pero ¿y las librerías? ¿Qué ocurrió con ellas mientras tanto?

Durante aquel periodo en el que la miseria era tal que, debido a la escasez de materiales se convirtió en habitual recurrir a la técnica del palimpsesto, consistente en reutilizar los soportes para rentabilizarlos al máximo escribiendo sobre lo ya escrito,[6] el papel llegó a Europa. Su forma más tosca se había inventado en China, en el siglo II a. C., pero fue Cai Lun, un consejero imperial de principios del siglo II d. C., quien la perfeccionó definitivamente. En sus *Bibliotecas imaginarias*,[7] Mario Satz incluye un relato, «El hacedor de papel», en el que imagina cómo fue:

6. Los palimpsestos son textos escritos sobre otros textos con la finalidad de reutilizar su soporte; manuscritos que conservan huellas de un manuscrito anterior, que en su momento se eliminó artificialmente, por lo general mediante el raspado. Un ejemplo es el *Codex Ovetensis* de El Escorial. La técnica se convirtió en habitual a partir del siglo IX d. C. Véase <https://bit.ly/3Eohgch>.

7. Mario Satz, *Bibliotecas imaginarias*, Barcelona, Acantilado, 2021.

Le preguntaron sucesivamente al hacedor de papel [Cai Lun] cómo se le había ocurrido la idea y este siempre decía lo mismo a los curiosos:

—Vi unos trapos viejos y los herví, amasé una pasta ligera y la dejé secar, luego pasé un rodillo de jade por cada hoja, después de lo cual me alegré mucho y rompí a llorar.

Los árabes descubrieron el secreto chino y lo exportaron a un territorio que había albergado el esplendor de Grecia y Roma antes de afrontar los siglos oscuros de la Alta Edad Media. Gracias a ellos, la actividad cultural no circunscrita a las fronteras de las bibliotecas y los monasterios se había mantenido a salvo mientras Europa se hundía en su noche más negra. Una prueba flagrante de esto es el *Kitab al-Fihrist*, de Ibn al-Nadim, de finales del siglo x, «un catálogo de los libros de todos los pueblos, árabes y extranjeros, existentes en la lengua de los árabes, así como en sus propios sistemas de escritura, que tratan de diversas ciencias, con relatos acerca de quienes los escribieron».[8]

Hijo de un librero de Bagdad, Ibn al-Nadim adquiere así una gran importancia en esta etapa de mi viaje imaginario, porque quiero creer que en esos «relatos acerca de quienes» escribieron sobre la ciencia y la fe, y no sobre la ciencia y la fe mismas, en esas

8. Así es como lo describe Violet Moller en *La ruta del conocimiento* —un ensayo que ya hemos mencionado— citando a Baynard Dodge.

vidas anónimas que también figuran entre las referencias del *Kitab al-Fihrist*, Ibn al-Nadim mantiene prendida la llama de la «inutilidad», ese valor tan importante de la lectura que va un paso por delante del carácter funcional que caracteriza la recientemente mencionada *Nodicia de Kesos* y, sin pretenderlo, se convierte en su guardián y protege la vida del placer de contar historias porque sí, de leer nada más y nada menos que por curiosidad, de «abandonarse» —y aquí brilla más que en cualquier otra combinación de palabras el significado de este verbo— a las peripecias individuales de los otros, los desconocidos... porque los libros son también (y sobre todo) una de las mejores maneras de acercarnos a los demás sin ningún miedo.

Unos 1.500 años antes, en Babilonia, los signos sobre las tablillas habían logrado algo que sonaba a hechizo: en los primeros poemas y las primeras oraciones habían atrapado la emoción, la habían capturado para recuperarla una y mil veces, como si se tratara de un exótico perfume que, por fin, el mejor alquimista hubiera conseguido destilar, y habían prendido un fuego eterno que algunos elegidos como Ibn al-Nadim, a lo largo de siglos y milenios, y guerras y días de alegría, estaban destinados a custodiar.

6

Mi propio descubrimiento

Las puertas del ascensor se abrieron y Amanda* me estaba esperando frente a ellas para preguntarme:

—¿Cómo es posible que no te hayas enterado aún?

Empezaba mi turno de tarde en EFE y he olvidado a lo que había dedicado el resto de la jornada, pero desde luego no fue a escuchar la radio o ver la televisión.

Era martes, 11 de septiembre de 2001.

Amanda García Miranda es una de las personas más inteligentes que he conocido y, en cierto modo, a ella le debo esta versión de mi vida, porque, junto con Javier Fernández de Carvajal, mi jefe en el gabinete de prensa del CSIC, fue quien decidió que, entre varias decenas de aspirantes, yo merecía disfrutar de aquella beca de especialización en periodismo científico, un tanto absurda para mi perfil de letras puras, y me obligó a trasladarme a Madrid.

Recuerdo el primer día que llegué a EFE, que entonces aún estaba en la calle Espronceda, y coincidí con ella en el control de seguridad que había en la entrada del edificio y del que nadie podía librarse. Es extraño cómo algunas situaciones de transición, conscientemente sin ningún valor emocional o físico, se enganchan en nuestro cerebro como garfios y atraviesan los años intactas reapareciendo de vez en cuando en nuestro proceso mental con la fuerza de quien bucea a pulmón y sale a la superficie para tomar aire. Las recordamos siempre y mi encuentro con Amanda en el acceso a la agencia es una de ellas.

Es una suerte cruzarnos en el camino con gente capaz de ver en nosotros no quiénes somos, sino quiénes podemos llegar a ser. Yo he sido afortunada en ese aspecto.

Amanda me dijo: «Toda la información importante debe incluirse en las primeras cinco líneas»; y me dijo también: «Espero que te den bien de comer en la residencia».

Sobre lo primero trabajamos duro en mi aprendizaje y no tardé demasiado en redactar con dignidad los teletipos de Educación, Ciencia y Medio Ambiente, el área que Amanda, adicta a los partes meteorológicos, coordinaba con una energía inagotable. Así fue como gané rapidez en mi escritura y perdí el miedo a la hoja en blanco, porque empecé a intuir que, para una escritora, el papel es un espacio tan íntimo como el escondite más recóndito de la imaginación: no hay que enseñarlo si una no quiere y no hay que avergonzarse de las primeras palabras, basta con dejarlas salir y trabajar luego con ellas como si fueran barro, pulirlas y cambiarlas, pero bajo ningún concepto contenerlas.

Sobre lo segundo, Amanda, para quedarse tranquila, ideó una estrategia infalible con la que estuvo de acuerdo el resto del equipo, integrado por cuatro periodistas increíbles: enviarme a mí a todas las coberturas de prensa que incluyeran desayunos, almuerzos o comidas, algo que nunca les agradeceré bastante.

Ese era el contexto que envolvía aquella tarde del 11 de septiembre, cuando se abrieron las puertas del ascensor y todos los círculos concéntricos saltaron en pedazos, de nuevo todos los tiempos, porque cambió el mundo. Los aviones atravesaron las torres en Manhattan mientras George W. Bush estaba en una escuela de primaria. Los aviones atravesaron las torres en Manhattan mientras, una mañana idéntica a la del atentado pero seiscientos años atrás, en Londres, un librero abría su puesto, igual al del verdulero o la florista, en los aledaños de la catedral. Los aviones atravesaron las torres en Manhattan mientras, una mañana idéntica a la del atentado pero diecinueve años después, una librera del barrio de Chueca, en Madrid, o de Gracia, en Barcelona, o del barrio del Carmen, en Valencia, se quitaba la mascarilla con la que estaba atendiendo al público y hacía un alto para conectarse a Instagram y mantener una conversación en directo con un autor de moda.

Los aviones atravesaron las torres y en la planta diáfana de la agencia, que se parecía al milímetro a las redacciones de las películas, se produjo un revuelo mayúsculo, y yo hice mi propio descubrimiento: me di cuenta de que el periodismo informativo me importaba un rábano.

Hubo muchos trabajos después de EFE. Los conseguía registrándome en los portales de empleo y no exigían demasiado de mí. En ninguno me quedé más de unos meses, pero no abandoné Madrid. Dejé la residencia y me instalé con un amigo en un bajo forrado de azulejos en el número 7 de la calle Lope de Vega. Que quería quedarme en la ciudad era una de las pocas certezas que tenía. Por lo demás estaba buscando a ciegas y había empezado a escribir. Aquella fue la época en que leí *Todos los nombres*. Casualmente, aunque la casualidad absoluta no existe, la trama de la novela de Saramago, centrada en la obsesión de un funcionario del Registro Civil por la identidad de una mujer desconocida, se ajustaba como un guante a mi intención de cambiar los acontecimientos que ocupaban a cinco columnas las portadas de la prensa por la cotidianidad de las vidas minúsculas.[1] En ellas pretendía centrar toda mi aten-

1. No puedo evitar volver cada vez que utilizo esta expresión, *vidas minúsculas*, al magnífico libro de relatos de Pierre Michon que la lleva por título y del que, sin duda, la he adoptado para convertirla en recurrente a la hora de conversar o

ción y con ese propósito me inicié en la práctica de una estrategia que acabé convirtiendo en costumbre, la de fabular con mi propia existencia y trastocarla, cambiando sin cesar el orden y el valor de los elementos que la componen, convirtiéndola en una inagotable materia prima.

Cuando contactaron conmigo desde el departamento de recursos humanos de la Gran Superficie de Callao, trabajaba a media jornada como traductora de anuncios de contactos del español al catalán y me pasaba las horas en una oficina verdosa de la calle San Bernardo censurando las retorcidas apetencias sexuales de un ruso llamado Vladimir y leyendo a escondidas *El mar, el mar* en una voluminosa edición de Lumen que a duras penas sostenía en mi regazo para ocultarla bajo la mesa. La Gran Superficie de Callao quería que participara en una dinámica de grupo de la que saldrían los finalistas para ocupar un par de plazas vacantes en su librería. Inmediatamente dije que sí. Ahora sé que, aceptando aquella cita, puse fin a mi propia prehistoria.

Mi madre se interesa por lo que escribo:

—Cuéntamelo —me dice al otro lado del teléfono, y yo la imagino sentada frente al ordenador, ha-

---

escribir. De todos los personajes de estos cuentos recuerdo especialmente a una muchacha que lleva unas botas amarillas. Esa imagen, por alguna razón incomprensible, se ha quedado conmigo para siempre.

ciendo un alto en la partida de uno de esos juegos de ingenio que le gustan tanto.

Le hablo entonces de los libros sobre libros, y de cómo la pandemia, lejos de hundir a las librerías, las ha llevado a conquistar nuevos espacios; le hablo de la cueva de los nadadores; de Babilonia y del *Código de Hammurabi*,[2] de Grecia y de Roma, de Alejandría; le hablo del esplendor de las bibliotecas y los monasterios, y del silencio gélido de la Edad Media. En este punto, ella me interrumpe:

—Leí de joven *Nuestra señora de París* y se me quedó grabado lo que contaba: cómo, al ser muy pocos los que sabían leer y escribir en aquel tiempo, los frescos del interior del templo servían para la instrucción de las clases más bajas. Miles de años separan las pinturas rupestres de las de los muros de Notre Dame y, sin embargo, al menos cuantitativamente, da la impresión de que no lograron avanzar gran cosa. ¿Cómo lo ves?

Le respondo que tiene razón. El porcentaje de la población que sabía firmar en el siglo XVI superaba en muy pocos lugares el 30 por ciento y más tarde confirmo que *Nuestra señora de París* está ambientada en el siglo XV. Levanto la vista de la pantalla del portátil y sonrío. No tengo que esforzarme demasiado

2. Escrito hacia el 1750 a. C., el *Código de Hammurabi*, un compendio de leyes estructurado a partir de la ley del talión, es, junto con la *Epopeya de Gilgamesh*, que ya hemos mencionado en este ensayo, el título más representativo de la antigua Mesopotamia.

para imaginar los frescos de la seo parisina inmortalizada por Victor Hugo, espectadores del trajín urbano y sucio de la ciudad al final de un larguísimo periodo de oscuridad, un ajetreo que debió de vivirse también en Londres, donde los libreros, durante aquellos años, eran conocidos como *stationers*, «porque ofrecían su género en unos puestos o *stations* colocados contra los muros de las catedrales»;[3] y soy consciente de que, con su inteligente comentario, mi madre, sin saberlo, ha puesto fin a esta primera etapa del viaje, la que concluye en la antesala de la imprenta de Gutenberg y augura la evidencia de que la Edad Media había terminado.

En este minuto exacto de la función, las librerías se preparan para ocupar de verdad la escena.

Ha llegado su turno.

3. Yolanda Morató, en *Libres y libreras. Mujeres del libro en Londres*, editado por El Paseo, escribe lo siguiente sobre las librerías en los años previos a la invención de la imprenta de Gutenberg: «Antes de que la invención de Gutenberg aportara mayor solidez al comercio de libros, en Inglaterra los copistas y escribas que se encargaban de elaborar manuscritos se organizaban en gremios o *guilds*; a quienes los vendían se les conocía con el nombre de *stationers*, porque ofrecían su género en unos puestos o *stations* colocados contra los muros de las catedrales. Este dato no deja de ser curioso, porque rara vez nos encontraremos con series o películas históricas en cuyas recreaciones del casco antiguo de cualquier gran ciudad, con sus tenderetes apoyados en tapias nobles, no se venda otra cosa que fruta y verdura» (pp. 11-12).

Tercera parte

d. G. (DESPUÉS DE GUTENBERG): YO, LIBRERA

La libertad es una librería.

Joan Margarit,
«La libertad»

7

Norte, sur, este y oeste (II): tipos de librerías

En la Gran Superficie de Callao no había relojes. La pretensión de unos grandes almacenes es que sus visitantes se olviden del tiempo, que no tengan prisa y compren sin parar, sumidos en un estado casi lisérgico. Esa fue una de las primeras cosas que Peri me enseñó.

Me incorporé al departamento de libros de la Gran Superficie de Callao en las vísperas del 23 de abril de 2005 y Pedro Valeije,* al que todos llamaban Peri, fue el responsable de mi *tour* de bienvenida por el edificio de siete plantas con salida a Carmen y Preciados que albergaba la tienda. La mitad del tercer piso y la totalidad del cuarto estaban dedicados a la librería y a mí me «destinaron» a la sección de bolsillo, porque, como alguien dijo de fondo mientras Peri me acompañaba a mi puesto, era un «universo en miniatura, el mejor sitio para aprender».

Aquí es donde empieza todo, pero seguir adelante exige que ampliemos nuestra guía, que se dibujen en nuestro mapa nombres nuevos a los que, a partir de ahora, recurriremos con frecuencia.

No podemos avanzar sin añadir a nuestro equipaje una manejable y contemporánea clasificación de las librerías.

Tipos de librerías

A finales de los años noventa, cuatro profesores de la Escuela para Libreros Umberto y Elisabetta Mauri, en Milán, publicaron un manual titulado *La librería como negocio*,[1] que en 2004 se tradujo al español y yo adquirí en 2005. Desde entonces, el ejemplar, cada vez más manoseado, subrayado, con más páginas dobladas y más comentarios en los márgenes —porque pertenezco a esa clase de lectores que «manchan» los libros sin piedad con todo tipo de lápices, pegatinas y tintas—, ha sobrevivido a cada una de mis mudanzas mientras su contenido se iba quedando obsoleto. Aun así, resulta interesante y contiene un brevísimo apartado dedicado a los tipos de librerías, que los autores resumen en seis: la librería escolar, centrada en los libros de texto; la librería multiespecializada, también conocida como de interés general o generalista; la librería especializada, cuyo contenido monográfico busca satisfacer un nicho específico

1. Brunetti, Collesei, Vescovi y Sòstero, *La librería como negocio: economía y administración*, Madrid, Fondo de Cultura Económica, 2004.

del mercado; la librería de las tiendas departamentales, incorporadas a los grandes almacenes y los supermercados; la librería de kiosco, anexa a los puestos de venta de prensa, minúscula y ya casi extinta; y la librería de saldos. El apartado siguiente al que contiene este listado lleva por título «La librería en tiempos de internet» y reflexiona acerca de la «enorme dificultad» que «todavía experimentan las empresas para dar el salto del negocio físico al virtual a causa de una cultura empresarial tradicional, del miedo a perder sus ganancias, del escaso conocimiento de las nuevas reglas, de la resistencia general al cambio [...] y de cierta fragmentación comercial (que tiene como consecuencia la aparición de negocios de pequeñas dimensiones)».[2]

Han pasado casi veinte años desde la traducción de este párrafo a nuestro idioma y su vigencia hoy es prácticamente nula, por eso lo he escogido, porque una de las mejores maneras para comprender hasta qué punto en la tercera década del siglo XXI el sector editorial ha experimentado una decisiva transformación es compararlo con el tiempo inmediatamente anterior. En la actualidad, la relación entre el tamaño de la librería y la pertinencia de su presencia en la web, afortunadamente, se ha esfumado por completo; y si quedaba alguna duda sobre la necesidad de prolongar el espacio físico de venta hasta el escaparate virtual, algún argumento a favor de esa

2. *Ibidem*, p. 104.

«resistencia general al cambio» que los profesores mencionan, la pandemia ha acabado con ellos. El mejor ejemplo de este avance es la plataforma de CEGAL «Todos tus libros»,[3] que agrupa a 790 librerías independientes de España y Latinoamérica y les facilita un canal de venta *online*.

Más allá de la colonización de la red, bien a través de todostuslibros.com, bien a través de una página web propia —según el Mapa de Librerías[4] de 2021, España cuenta con 3.208 librerías independientes, un número que triplica al de las asociadas a la plataforma de consulta y venta de la Confederación—, los tipos de librerías también han evolucionado o, me-

3. «Todos tus libros», <https://bit.ly/3Kj5oMn>, es un espacio de acceso gratuito creado por la Confederación Española de Gremios y Asociaciones de Librerías (CEGAL) para facilitar al lector interesado en comprar en negocios independientes la búsqueda de títulos y los puntos de venta de España y Latinoamérica en los que estos se encuentran disponibles. Antes de la pandemia, la plataforma era principalmente una herramienta de consulta, pero con el confinamiento consolidó la posibilidad de realizar también la compra en la librería escogida sin abandonar la web.

4. El Mapa de Librerías, un instrumento de análisis de las librerías independientes que operan en España, forma parte de los estudios del Observatorio de Librerías elaborados por CEGAL, con la ayuda de la Dirección General del Libro y Fomento de la Lectura. Su función principal es la actualización periódica del censo de librerías operativas en nuestro país, y su consulta está disponible *online* para todo aquel interesado en el tema. El informe más reciente en enero de 2023, cuando realicé la última revisión de este ensayo, fue elaborado en 2021 por profesores e investigadores de la Universidad de Zaragoza y puede consultarse en este enlace: <https://bit.ly/3YIeUwY>.

jor, se han diluido. Ahora, si bien es cierto que sus dimensiones son más pequeñas, tal y como señalaban en los noventa los profesores de la escuela milanesa y respalda hoy el Mapa de Librerías en España más actualizado, han prosperado los modelos híbridos y de características más flexibles, cuya maleabilidad facilita su supervivencia; motivo que hace más útil una clasificación por binomios, trinomios y cuadrinomios combinables, centrada en tres variables: el espacio, la propiedad y el contenido.[5]

Es la siguiente:

1. Según el espacio que ocupan, las librerías pueden ser virtuales y vender solo a través de la web, como la plataforma internacional Bookshop.org o el negocio particular de libros curiosos y de segunda mano de Álvaro Tejedor Patrizi, Libros y Tesoros Patrizi; físicas, con o sin página web, pero sin opción de venta *online*, como la preciosísima Desperate Literature, en el madrileño barrio de los Austrias; o «ubicuas», preparadas

5. No hay que pasar por alto que el ya mencionado Mapa de Librerías en España, que incluye parte de los datos fundamentales de este apartado, también cuenta con su propia clasificación de librerías, pero su objeto de estudio son «los establecimientos físicos especializados, cuya actividad principal es la venta de libros nuevos al por menor y que no pertenecen a grandes cadenas», lo que deja fuera de su análisis a las librerías de segunda mano y las grandes superficies, razón por la que, al ser el concepto de «librería» que se contempla en este ensayo mucho más amplio, este exige una clasificación alternativa.

tanto para vender su catálogo detrás de un mostrador como a través de una pasarela de pago *online*. En la actualidad, gran parte de las librerías españolas se incluirían en este tercer grupo, entre ellas la librería Reno, en la calle Monteleón, del barrio de Maravillas de Madrid. En los años sesenta, Teresa de Pablo, fundadora de Reno, ya desafiaba al régimen franquista y mandaba libros al otro lado del océano para que el español pudiera estudiarse en las universidades estadounidenses.[6] Los envíos no siempre eran rápidos y fáciles, a veces quedaban bloqueados por motivos de permisos y aduanas, pero la burocracia no pudo con Teresa, ni la pandemia pudo, prácticamente sesenta años después, con su hija Marisa, responsable de que Reno no haya perdido el tren de la digitalización y la transformación de las librerías en escenarios de la actualidad cultural.

2. Según su grado de independencia, de acuerdo con el perfil de los propietarios y su implicación en la gestión cotidiana del negocio: independientes, si la propiedad del negocio es individual o de un grupo reducido de personas directamente relacionadas con la selección del fondo y la agenda cultural —ej. Bartleby, en Valencia—;

6. Más información sobre la historia de la librería Reno y su fundadora, Teresa de Pablo, en la entrevista publicada por *eldiario.es* el 23 de abril de 2021, firmada por Luis de la Cruz: <http://bit.ly/3Z96HSt>.

integradas, cuando la librería bien es una sección más de un comercio mayor —ej. Fnac Libros o la sección de libros de El Corte Inglés—, bien ha crecido tanto que se ha convertido en una gran cadena en la que los propietarios solo son el vértice de la pirámide empresarial y cuentan con personal contratado, responsable de la gestión —ej. Casa del Libro o Barnes & Noble Booksellers—; ambulantes o de propiedad móvil, como la singular librería sobre ruedas de Roger Mifflin;[7] y efímeras, donde quienes enseñan y venden los libros no son directamente los que organizan las condiciones de la zona de exposición, como la iniciativa Efímera Librería Pop-up, un espacio librero abierto al público un único día al año para mostrar las novedades de las editoriales más *indies*.[8]

3. Según su contenido, atenderemos a cuatro factores:
   - Según su grado de uso, tienda de libros nuevos —ej. La Puerta de Tannhäuser, en Plasencia— o librería de segunda mano —ej. Cajón Desastre, en Ponferrada y, cómo no mencionarlo, el paseo de casetas azules que flanquea el lado izquierdo de la Cuesta de

7. Roger Mifflin es uno de los singulares protagonistas de *La librería ambulante*, de Christopher Morley, publicada en España por la editorial Periférica.

8. La iniciativa Efímera Librería Pop-up abrió sus puertas en 2019 y 2021: <http://bit.ly/3Z5IlZH>.

Moyano, en Madrid—. Fuera de España, mi recuerdo me lleva hasta Copenhague, donde las librerías de segunda mano eran bellísimas y en una de ellas dejé escapar una primera edición de *El Mago*, de Fowles, que, a pesar de estar a un precio más que razonable, quedaba fuera de los límites de mi entonces paupérrima economía.

El tercer tipo de librería según el grado de uso de los libros es la mixta, con posibilidad de ofrecer tres clases de ejemplares: nuevos, de segunda mano o saldos. Los saldos, y este matiz es importante, no son libros usados, sino libros nuevos cuyo precio se ha rebajado —¿cómo olvidar las librerías del VIPS, que fueron durante un largo periodo de tiempo su hábitat natural?—. Este último modelo mixto, hasta hace poco no demasiado frecuente en España, tiene en la cadena de librerías valenciana París-Valencia su máximo exponente. Otras iniciativas destacables dentro de nuestras fronteras son la madrileña Book Center o la pequeña cadena hoy ya cerrada TopBooks, que abrió la primera de sus cuatro tiendas en Bilbao. En TopBooks tuve la oportunidad de trabajar un año y estrenarme como gerente.

Fuera de España, esta fórmula es mucho más habitual y uno de los ejemplos más bellos de librería mixta que conozco es Kitazawa, en Jimbocho, el barrio librero de Tokio, imprescindible para bibliófilos.

- Según su temática, librería generalista, como 80 Mundos, en Alicante, o especializada, como las madrileñas Marcial Pons, centrada en Humanidades, Estudio en Escarlata, el mejor lugar para buscar ficción de terror y criminal, la Librería Náutica Robinson, la librería Tres Rosas Amarillas, cuyo punto fuerte es el relato, o la librería de viajes y escalada Desnivel, que cuenta con su propio sello editorial. En Barcelona, Altaïr le da la réplica.

  Las librerías especializadas son la evidencia más clara de hasta qué punto nos encontramos ante un negocio que se comporta como un espejo del entorno y sus temas de discusión protagonistas. Prueba de esta afirmación es la consolidación y actual aumento de las librerías feministas o de literatura escrita por mujeres, como la Librería de Mujeres, en Madrid; la librería Lila de Lilith, en Santiago de Compostela; la Librería de Mujeres, en Tenerife; la librería Louise Michel, en Bilbao; o La Raposa, en Barcelona.
- Según la cantidad, pequeña, con menos de 10.000 ejemplares, como Nakama Lib o la desaparecida Atticus Finch, de Eva Boj, en Madrid; mediana, cuando el fondo se aproxima o supera los 10.000, como la nuestra; o

gran librería, a partir de 25.000 ejemplares, como La Central de Callao, Amazon Libros o La Casa del Libro de Gran Vía.

- Y según la diversidad de productos y oferta, únicamente librería o librería y +, aquellas en las que, sin dejar de ser el libro el protagonista absoluto de la tienda, su presencia se completa con la disponibilidad de otros servicios, como la Cafebrería ad Hoc, en Madrid, que suma a los libros el café, o el Ubik, en el barrio de Ruzafa de Valencia, donde se da un paso más y los libros conviven con un completísimo restaurante.

Como la memoria humana se comporta en algunos aspectos igual que la de los peces, tendemos a calificar de novedosa esta idea de «mezclar» el libro con otro tipo de servicios y, si bien su maridaje con la hostelería es relativamente reciente, no lo es tanto su alianza con la papelería: las librerías-papelerías, presididas por un largo mostrador de madera, atrincherado detrás de infinitos soportes de cuadernos y bolígrafos, son todo un clásico y han permitido a lo largo de décadas que los libros llegaran hasta los rincones más recónditos, allí donde solo con ellos el librero no hubiera sobrevivido. En el otro extremo de esta afirmación se encuentra la localidad vallisoletana de Urueña, conocida como la Villa del Libro. Urueña tiene aproximadamente 200 habitantes censados y una decena de librerías, que se han convertido, junto con su pátina medieval, en el mejor reclamo turístico del municipio.

Más allá de estas categorías básicas, con una utilidad parecida a la de las piezas de un juego de construcción infantil capaces de conjugarse de mil maneras ante nuestros ojos para mostrarnos mil imágenes diferentes, las descripciones de una librería son infinitas, porque resulta imposible plasmar sobre el papel todas las variables. Sería como capturar en un folio en blanco todas las visiones del mundo, por eso para muchos —y por supuesto para mí— visitarlas se ha convertido en una adicción, puesto que entrar en una implica que cambien los colores y los aromas, que se transformen el escenario y las razones, saltar de un punto de vista a otro de la historia y sorprenderse, experimentar el asombro, cuya presencia a la vuelta de la esquina es uno de los estímulos fundamentales de la vida.

Las que, según la clasificación anterior, se consideran «grandes librerías» guardan un secreto... No todas, pero sí aquellas con un espacio de exposición que se ha quedado pequeño para la cantidad de fondo que conservan: tienen un almacén y, con él, los libreros corren un gran riesgo, el de carecer del valor suficiente para deshacerse de los libros sin futuro, cuyas probabilidades de venta son mínimas.

Los almacenes son una trampa.

Una patología que afecta a la mayoría de los profesionales del sector es la tendencia compulsiva a la acumulación. No hay libro que, bien para alabarlo, bien para desear que arda en los infiernos, no les parezca imprescindible. Y esta es una pulsión muy peligrosa, porque apuntala exclusivamente los cimientos románticos de la librería y deja a la intemperie lo que el ciclo editorial tiene de negocio en una época en que la cifra anual de libros publicados en España supera los 55.000.[9] Una buena gestión librera pasa por saber elegir con acierto qué mostrarle al lector, pero también por atreverse a prescindir de aquellos títulos que, tras un tiempo a la vista en los escaparates y las estanterías del local, no han encontrado un dueño.

El almacén de la Gran Superficie de Callao ocupaba la séptima planta entera y lo envolvía un halo de arquitectura imposible. No tenía ventanas, los techos eran altos y las luces de neón golpeaban con dureza las paredes grises de cemento. Las estanterías eran metálicas y, ordenadas por números y categorías, se dividían en dos hileras separadas por un pasillo largo y más bien estrecho, que recorríamos con inseguridad cada vez que nos tocaba subir en busca de algún libro perdido, que nos desvivíamos por encontrar. Era el escenario perfecto para una película de terror y crí-

9. Según la Federación de Gremios de Editores de España, en 2021 se publicaron 79.373 títulos, 55.197 en soporte papel y 24.176 en soporte digital.

menes,[10] y contaba también con un par de mesas de caballete sobre las que descansaba el equipo informático más viejo de la tienda, y un número variable de bases con ruedas desperdigadas, que sostenían decenas y decenas de cajas grises y verdes de plástico, repletas de fondo y novedades con una doble finalidad: una inconsciente, la de satisfacer ese deseo incontenible de poseer los libros y no deshacerse de ellos bajo ningún concepto; y otra un tanto sibilina, común al espíritu de competencia feroz de todos los grandes almacenes: la de acumular «mercancía» —así se llamaba a los libros en un lugar donde no se diferenciaban demasiado del resto de los productos a la venta— y evitar que esta cayera en manos de sus rivales.[11]

En la séptima nunca había nadie y solo se podía acceder utilizando una tarjeta identificativa.

Desde allí se gestionaban las devoluciones a los distribuidores y, a diario, se bajaba la reposición a la cuarta y a la tercera para volver a llenar la tienda.

Cuando pienso en mi paso por la Gran Superficie, una de las imágenes que con más frecuencia rescata mi cerebro es aquel excedente olvidado y en silencio; miles y miles de ejemplares a la espera de

10. De hecho, en 2013 se estrenó la película *Viral*, rodada en la tienda.

11. Esta práctica es la responsable de que, a menudo, las tiradas más pequeñas «desaparezcan» y las librerías independientes se queden rápidamente sin algunos títulos revelación en sus mesas: la compra desproporcionada de las grandes superficies y las cadenas, que pueden permitirse el almacenaje de ejemplares y, así, los monopolizan.

que la mano caprichosa de un librero primerizo, con un contrato de 20 horas, los eligiera para mostrárselos al público.

En 2005, el *stock* del departamento de libros de la Gran Superficie de Callao debía de rondar las 200.000 unidades[12] y una gran parte no estaba a la vista; un claro desafío a la enseñanza de Hannibal Lecter a Clarice Starling en la adaptación cinematográfica de la ya mencionada e inigualable *El silencio de los corderos*: «No nos olvidemos de los primeros principios, Clarice, ¿por dónde empieza nuestra codicia? ¿Por dónde nuestro deseo? Empezamos por desear exclusivamente lo que vemos».

12. En octubre de 2022, el *stock* de la Gran Superficie de Callao era de 163.000 unidades. Quince años antes, la librería ocupaba un espacio mayor —todavía no había llegado la papelería— y se priorizaba no tanto la exposición, que también, como la capacidad de almacenaje en planta.

8

Gutenberg y el *Big Bang*

Y ¿qué pinta Gutenberg en todo esto? Muy sencillo: si Gutenberg y Mercedes Castro no hubieran existido, me habría quedado sin leer la mayoría de las historias que han ido cincelándome con más o menos esmero, puliéndome como la lluvia sobre la roca; y, lo que resulta aún más descorazonador, sin ellos no habría conocido a algunas de las personas que más he querido. El primero inventó la imprenta para Europa. La segunda, como responsable en 2005 de la librería de la Gran Superficie de Callao —inconcebible sin la mencionada aportación de Gutenberg—, seleccionó a un equipo que me incluía y en el que encontré un montón de almas afines, con las que experimenté la euforia de la juventud y viví a la intemperie, llevando hasta el extremo mis pasiones: el amor y el sexo, la conversación, el pollo de KFC y, por supuesto, la literatura.

En el año 1400 nació en Maguncia Johannes Gutenberg. Gutenberg bebé desconocía lo que lo había precedido y lo que estaba destinado a provocar.

Mucho antes de que pisara la faz de la tierra, en el siglo II y durante la dinastía Song, los tipos móviles de madera ya se utilizaban en China, pionera silenciosa de gran parte de los procesos relacionados con la edición. Pero Europa esperó a Gutenberg, que sustituyó la madera por el metal y, a mediados del siglo XV, imprimió con su invento la *Biblia de 42 líneas,* llamada así porque las páginas estaban impresas a dos columnas con, por lo general, 42 líneas cada una.

Moldes metálicos, aparato de fundición manual, aleación de plomo, antimonio y estaño para la elaboración de caracteres y material tipográfico, prensa de tornillo, tinta y papel, estos son los elementos necesarios para la fabricación y puesta en marcha de la imprenta, y también para generar la explosión de un invisible *Big Bang*, el que le concedió a la palabra la velocidad de la luz y pulverizó los límites del lenguaje, multiplicando, además de su alcance, las consecuencias de la invención.

Leo a Steiner —poco, porque es tan denso y brillante que tardo bastante en digerirlo— y una afirmación suya me desconcierta con el impacto de una revelación: «El lenguaje es el instrumento privilegiado gracias al cual el hombre se niega a aceptar el mundo tal y como es».[1] Subyace en esta sentencia un matiz de rebeldía que me devuelve a la sección

1. George Steiner, *Un lector*, Madrid, Siruela, 2020. En «Falsedad creativa», p. 447.

de bolsillo donde empezó mi formación como librera y a los días que compartí con los otros habitantes de la cuarta planta, los que trabajaban allí y los que la visitaban como clientes, incluida la reina Letizia, entonces princesa de Asturias, a quien le busqué una tarde *La decadencia de Occidente* cruzando los dedos para que el libro estuviera donde el ordenador decía y no donde la creatividad de algún compañero hubiera decidido reubicarlo.

El lenguaje es un arma, ya lo he escrito en páginas anteriores: el lenguaje es un arma y los libros, las lecturas compartidas, el estímulo de la subversión entendida como un proceso cotidiano. Avanzamos porque conformarse no es una opción y por eso también leemos. Steiner lo explica mejor que yo: leer y escribir, hablar...; pronunciar una sola palabra, pensarla incluso, modifica nuestra percepción y la de los otros, la multiplica. Al describirlo, transformamos lo que vemos y, al relatar lo que imaginamos o conversar sobre lo intangible, abrimos la puerta a lo que no se ve.

¿No es esto peligroso? ¿No encierra todo acto de comunicación una responsabilidad implícita que en nuestro tiempo hemos olvidado? En el siglo XV y los inmediatamente posteriores, sin embargo, estaban seguros de que así era y, por lo tanto, no resultaba fácil ser librero. El libro se consideraba un material altamente sensible y solo unos pocos elegidos obtenían los permisos necesarios para comerciar con él.

La imprenta de Gutenberg fue la respuesta a una demanda lectora que, con la apertura de las universidades en los estertores de la Edad Media y el aumento del número y frecuencia de rutas comerciales en Europa, se incrementó de forma exponencial. Antes del revolucionario invento, los copistas habían trabajado a destajo mediante el sistema de pecias, que consistía en dividir los manuscritos en cuadernos independientes para facilitar su transcripción simultánea y agilizarla; pero solo la puesta en marcha de las prensas lo cambió todo.

En cuanto a los procesos, la escritora Rosa Ribas registra en su tesis doctoral cómo Alemania lideró a partir del siglo XV el amanecer del mercado editorial y lo hizo, entre otras cosas, imprimiendo una considerable cantidad de textos relacionados con el acontecimiento que, junto con la aportación de Gutenberg, trascendió a su época para cambiar definitivamente el curso de la Historia: la llegada de los europeos a América.[2]

En cuanto a los sueños y las pasiones morales y políticas que las páginas que salieran de la imprenta podían despertar, nadie en el poder puso en duda la magnitud de semejante amenaza y todos quisieron controlarla. Yolanda Morató[3] escribe lo siguiente sobre cómo se intentó sortear en Inglaterra aquel peligro:

2. Rosa Ribas, *Testimonio de la conciencia lingüística en textos de viajeros alemanes a América en el siglo* XVI, Kassel, Edition Reichenberger, 2005.

3. *Op. cit.*

> Durante siglos, los libros y manuscritos fueron un medio transmisor de ideas muy poderoso, por lo que, forzosamente, las medidas de intervención y control crecieron en número y rigidez. En 1556 se creó la Company of Stationers, con la que se pretendía frenar la difusión de obras que resultaran negativas a ojos de la corona.

Y a continuación sobrevuela los siglos para señalar que las restricciones británicas no se diferenciaban tanto de las del resto de Europa y menciona la Francia de Napoleón, donde en 1810 se decretó que, para poder ejercer, los libreros debían acreditar su «capacitación profesional» y su «solvencia moral» presentando al menos ocho testimonios de autoridad que dieran fe de su valía en los dos ámbitos.

Pero en algún momento, por suerte «y» por desgracia, perdimos ese miedo.

Y las palabras volaron libremente hasta caer en nuestras manos varios cientos de años después.

El equipo de libreros de la Gran Superficie de Callao no había aprobado ningún examen que respaldara su decencia, ni acumulaba años de experiencia en la gestión del negocio. Todos éramos muy jóvenes y nuestras ideologías chocaban como nuestras lecturas, pero aprendimos mucho los unos de los otros. Nos respetábamos. Nuestra «academia» era el Mareas Vivas, un bar cerca de la plaza de Santo Domingo al que acudíamos fieles cuando terminábamos el turno en la tienda para alimentarnos mal con las tapas que nos regalaban con cada caña y disfrutar del ocio compartido: una conversación interminable que revoloteaba siempre, con vehemencia, alrededor de autores y títulos; y aunque la mayoría concebía su paso por la librería como algo temporal, yo no tardé en darme cuenta de que allí, rodeada de libros y charlando con la gente sobre ellos, había encontrado mi casa.

Abel me llevó hasta el planeta *Solaris* y me descubrió a Boris Vian; Pati me regaló *Martes con mi viejo profesor*; Jorge no paró hasta conseguir que me adentrara entre las páginas de *Matadero cinco*; Ana y yo memorizamos a la vez el verso de Henley «Soy el amo de mi destino, soy el capitán de mi alma»; con Cristina y Diego llegué a *Pasar el invierno*; con Alvar, a *La colina de Watership*, y con Borja, hasta *El diablo viste de Prada* y las impresionantes ediciones de Taschen, que le encantaban. Fue entre la cuarta y la tercera planta donde se forjó mi amistad con Alberto, con Silvia, con Virginia, con Sergio —que, a causa de su tempestuosa relación con un ejemplar de *Vituperio (y algún elogio) de la errata*, se convirtió en Vitu—, con Iñaki y con Sheila; y también fue allí donde me enamoré de Pedro hasta las trancas.

9

Sobre Shakespeare y Cervantes o, lo que es lo mismo, sobre el amor y la locura

A TRAVÉS DEL ESPEJO

Mi obra favorita de Shakespeare es *La tempestad*. En la página del título de mi ejemplar, publicado por Alianza, el 8 de junio de 2013 escribí con rotulador rojo de punta fina: «Hay que ser valientes para dejar de buscar allí donde se pierde el rastro». Sonrío al comprobar que he heredado la costumbre de mi padre de ir salpicando las portadillas de los libros con retales crípticos de mi biografía, aunque en este caso no ha pasado tanto tiempo como para que haya olvidado el porqué de mi reflexión. La escribí por amor, o más bien por desamor. Hay un buen puñado de lecturas asociadas a cada uno de los hombres que he querido, y creo que el enamoramiento es una de las brújulas más frecuentes a la hora de cartografiar el itinerario de un lector.

Leemos por placer, leemos por rebeldía y leemos también porque amamos.

En la Gran Superficie yo me enamoré de Pedro, uno de mis compañeros, y lo busqué en sus peculiares libros favoritos, como si conocer las historias que lo habían entusiasmado en algún momento u otro de su vida, la ficción que le servía de escape, pudiera acercarme más a él. Muy diferente del aventurero László Almásy, que encarnado por Ralph Fiennes en *El paciente inglés*, la película fetiche de mi adolescencia, no se separaba de su ejemplar de la *Historia*, de Heródoto, Pedro, al borde de la treintena, se rebelaba contra el paso del tiempo a través de una literatura muy distinta, aferrándose a sus lecturas juveniles, y conservaba entre sus imprescindibles *El misterio de la isla de Tökland* que, por supuesto, devoré con la misma atención que, por aquellos días, le dedicaba a otros textos un poquito más sesudos.

El complicado laberinto ideado por el anciano millonario Anastase Kazatzkian no ha sido el único lugar al que he llegado persiguiendo que me besaran. Gracias a la pasión real he visitado el París de *Rayuela* y el Santo Domingo de *La fiesta del Chivo*, y me he quedado más de lo previsto merodeando por las obras emblemáticas de la narrativa y la poesía japonesas. De estas últimas me resultó casi imposible desengancharme y solo lo conseguí sumergiéndome en alguien que no leía y que me enseñó que, por mucho que yo la mitifique, la literatura no es imprescindible.

Puede que este sea el descubrimiento más importante de este viaje y, en mi caso, también de toda una vida: nosotros elegimos lo intocable en nuestra aventura, nosotros elegimos lo esencial y, desde el lugar en el que nos sitúa esa elección, afrontamos el día a día y ejercitamos nuestro deseo.

Para quien lee, querer a alguien encierra un anhelo de posesión que nos conduce a la ocupación de sus espacios más íntimos, también los invisibles, aquellos que a menudo se construyen sobre la imaginación ajena y se localizan al otro lado del espejo, como si el del relato fuera un mundo paralelo que contara con su propio Génesis y su particular director de orquesta en el proceso de creación.

Si fuera yo la elegida para entregarle a alguien la batuta y desenmascarar al responsable de los cimientos de la mentira universal, aun a riesgo de que Homero se sintiera despreciado, creo que se la daría a Shakespeare.

Cuando nos quedamos con la librería en el verano de 2018, nos quedamos también con los libros que los antiguos propietarios tenían a la venta. Cervantes y compañía nunca cerró, simplemente cambió de manos, pero la entrada de la clientela no se interrumpió ni un solo día y, durante las semanas que siguieron al traspaso, me dediqué a investigar el fondo de aquel lugar mágico, que de repente nos pertenecía y en el que se alojaban varios miles de obras distintas. Me detuve a ojear muchas y una de ellas, *Shakespeare: la invención de lo humano*, de Harold Bloom, me llamó especialmente la atención. Bloom escribió allí lo siguiente:

> ¿Podemos concebirnos a nosotros mismos sin Shakespeare? Cuando digo «nosotros mismos» no me refiero

solo a los actores, directores, profesores, críticos, sino también a usted y a todos los que usted conozca. Nuestra educación, en el mundo de habla inglesa, pero también en muchas otras naciones, ha sido shakespeariana.

¿Por qué Shakespeare en este viaje que hemos emprendido y no Homero? Porque hablamos de librerías y de libros, y no tanto —aunque también— del relato y del origen de la ficción. Si hay alguien que nos remite a lo que de inherente al alma humana tiene que nos cuenten historias y podamos compartir las nuestras, escritas o no, ese es el misterioso autor de la *Ilíada* y la *Odisea,* pero Shakespeare dio un paso más. Irrumpió en un mundo en el que ya estaban en marcha las imprentas y las puertas de los teatros se abrían tanto para el público corriente como para la corte, un mundo que había cambiado el silencio de las bibliotecas por el murmullo colectivo de los palcos y los corrales de comedias. The Theatre, The Rose, The Globe..., en el último cuarto del siglo XVI, el dramaturgo de Stratford-upon-Avon moldeó las emociones reales sobre los escenarios y elaboró de cada una de ellas una réplica que habría de arraigar para siempre en el imaginario colectivo y crecer como la hiedra venenosa, como un gen indestructible y heredado generación tras generación: los celos de *Otelo,* el amor de *Romeo y Julieta,* la duda de *Hamlet,* la ambición de *Macbeth...* Hayamos leído o no las obras que las incluyen, nosotros —y también el cine— nos hemos puesto en pie como gigantes de barro sobre todas ellas, y en ellas nos miramos a menudo cuando tratamos de explicarnos y explicar a los demás quiénes somos y, sobre todo, cómo nos sentimos.

No es que Shakespeare llegara el primero, es que llegó en el momento adecuado.

Eso sí, no lo hizo en solitario. Alguien llegó a la vez para plasmar sobre el papel una de mis obsesiones más constantes, los efectos de la locura, y transformar irrevocablemente los parámetros del mercado editorial y el *ranking* de los géneros literarios.

La gran novela

El 29 de septiembre de 1547 nació en Alcalá de Henares Miguel de Cervantes Saavedra, destinado a convertirse en el integrante único de una revolución, la que generó su novela *Don Quijote de La Mancha.*

Cuando le hablé a mi amiga la editora de Salamandra Anik Lapointe* de este proyecto, mi viaje imaginario por la historia de las librerías, ella me dijo: «A mí lo que me gustaría saber es cuál fue la primera edición del *Quijote*, cuándo y dónde se publicó, y quién la puso primero a la venta»; y yo no supe qué contestarle, pero tomé nota mental de la importancia que se concentraba en estas cuatro incógnitas: cuál, cuándo, dónde y quién.

La primera edición del *Quijote*, la edición príncipe[1] que contenía su primera parte, *El ingenioso hidalgo Don Quijote de La Mancha*, vio la luz en 1605,[2] aunque las gestiones para que llegara a imprenta se habían iniciado un poco antes, durante 1604. Fue el 26 de septiembre de ese año cuando se consiguió el privilegio real que autorizaba la publicación de la obra —esto nos devuelve a la severidad de las normas que, en aras del equilibrio moral, rodeaban el proceso editorial y para las que España no fue una excepción—. El lugar elegido para su impresión fue el taller de Juan de la Cuesta, en la calle Atocha de Madrid, y el hombre que asumió los gastos y los quebraderos de cabeza de las molestias burocráticas asociadas al trámite fue Francisco de Robles, un comerciante de libros visionario, que había tomado nota de la buena acogida obtenida por *Guzmán de Alfarache*, la novela picaresca de Mateo Alemán, y supo que el *Quijote* podía multiplicarla con creces.

No se equivocó.

1. Llamamos «edición príncipe» a la primera edición impresa de una obra literaria, pero no de cualquier obra. Esta es una categoría que se atribuye, sobre todo, a las primeras ediciones de clásicos de gran prestigio, que han sido objeto de múltiples impresiones y cuentan con una larga historia editorial, casi tan importante como su contenido.

2. Poco más de 130 años después de que lo hiciera el *Sinodal de Aguilafuente*, en 1472, un incunable atribuido al impresor alemán afincado en España Juan Párix de Heidelberg, que se conserva en la catedral de Segovia y está considerado el primer libro impreso en nuestro país.

A la edición príncipe le siguió una inmediata reedición, y a esta, los permisos para su publicación en Lisboa y en Bruselas. Además, el inglés, en 1612, y el francés, en 1614, inauguraron la que habría de convertirse en una lista en crecimiento constante, la de las traducciones de la novela a otras lenguas. El *Quijote*, que narraba cómo la excesiva lectura de libros de caballerías trastornaba a un viejo hidalgo y lo impulsaba a convertirse en caballero andante, alcanzó inmediatamente la categoría de *best seller* —que aún no se identificaba con ese nombre— y le granjeó a Miguel de Cervantes un éxito cuya proyección nunca lograría imaginar y que, hasta entonces, solo había atisbado, y en proporción mucho menor, con *La Galatea*.

Pero ¿dónde está el secreto? ¿Qué hace que sea un libro y no otro el que esparza su mensaje con la rapidez de la llama sobre la pólvora y lo haga perdurar a lo largo de los siglos manteniendo su interés? No existe una fórmula mágica. Cuando esta incógnita sin solución vuelve a mi mente —como lo hizo, por ejemplo, en las cañas que compartí con Raquel y Enrique a la salida de la primera presentación a la que asistí en la antigua Cervantes y compañía—, vuelve con ella la imagen del profesor John Keating, el protagonista de *El club de los poetas muertos*, de Peter Weir. He visto a Keating un número *n* de veces exigir a sus alumnos que arrancaran la primera página de su rancio manual de literatura universal, donde se proponía un rocambolesco sistema matemático para medir la calidad de la poesía... Pero la calidad de la poesía no se puede medir y, por la misma razón, los parámetros que convierten una historia en inmortal, tampoco.

A lo largo de mi trayectoria profesional he visto convertirse en superventas libros tan diferentes como *La sombra del viento* (Planeta, 2001), *El tiempo entre costuras* (Temas de Hoy, 2009), la ya mencionada *Soy un gato* (Impedimenta, 2010), *El capital en el siglo* XXI (Fondo de Cultura Económica, 2013) o *El infinito en un junco* (Siruela, 2020), y no creo que lo que une a estos títulos sea únicamente su capacidad para «conectar» con el lector —por otro lado, imprescindible para el triunfo—. No nos engañemos, ¿cuántas personas se habrán hecho con ellos para dejarlos a medias u olvidarlos inmediatamente después de exponerlos en su mesa de café? Recordemos: los libros no solo se compran para leer y es en esta revelación donde se enroca el núcleo de su resiliencia, el poder que les ha permitido sobrevivir durante milenios, porque el valor tangible de un libro, el magnetismo que puede llegar a ejercer su calidad de objeto, es comparable a la magia que, si es bueno, oculta su contenido. Un libro puede convertirse fácilmente en un símbolo y, al pertenecernos, habla de nosotros: si bajamos a tomar una cerveza al apartamento de un vecino recién llegado a la comunidad, mientras esperamos con paciencia su regreso de la cocina con las bebidas y las aceitunas, los títulos que tenga en su biblioteca, así como su tamaño e incluso su ausencia, nos ayudarán a matar el tiempo imaginándonos qué clase de persona es.

A menudo, el ejemplar de una obra que nos fascina o cuya lectura nos acompaña durante una época especialmente difícil o especialmente hermosa de nuestra vida adquiere el valor de una caja de Pandora que arrastramos con nosotros para siempre profesándole el respeto que se reserva para los únicos testigos. Pero también puede ocurrir que sea el halo que envuelve a una edición —por su estética, por su repercusión pública o por ambas cosas— o el recuerdo de una tercera persona que un determinado libro nos devuelve lo que lo haga para nosotros imprescindible.

Existe una edición del *Quijote* en miniatura: el texto íntegro y con ilustraciones en blanco y negro, también diminutas, en dos pequeños tomos valorados en 9 euros cada uno. Lo publica una editorial que se llama Los Libros Más Pequeños del Mundo y, en nuestra librería, desde que la incorporamos a la sección dedicada a Cervantes, es una de las elecciones más recurrentes de los turistas.

Para leerla necesitarían una lupa, pero no la compran para eso. En este caso, el impulso que los lleva a hacerse con ella se parece mucho al que, minutos después, los llevará a comprar el imán de una paella o un delantal con faralaes en una tienda de *souvenirs* de la calle Mayor.

Los siglos han añadido a la obra de Cervantes ese valor simbólico que la vuelve deseable independientemente de su lectura. Sin embargo, el impacto comercial de las primeras ediciones, en 1605, no se debió a eso, sino a un hecho mucho más revolucionario, el que, junto con la llegada de la imprenta 150 años antes, habría de allanar el camino de la lectura hacia su condición de «ocio de masas»: la eclosión de la novela.

Escribe Milan Kundera en *El telón*:

> El pobre Alonso Quijano quiso erigirse en un personaje legendario de caballero andante. De cara a la historia de la literatura, Cervantes consiguió todo lo contrario: situó a un personaje legendario a ras de suelo: en el mundo de la prosa.[3]

Y remata su reflexión unas líneas más tarde:

> Los personajes novelescos no piden que se les admire por sus virtudes. Piden que se les comprenda, lo cual es algo totalmente distinto.[4]

Las palabras de Kundera sugieren que la novela no es un género noble, sino —utilizando su misma expresión— «a ras de suelo»; la novela nos ofrece la doble posibilidad de humanizar lo etéreo y convertir

3. Milan Kundera, *El telón: ensayo en siete partes*, Barcelona, Tusquets, colección Fábula, 2009, pp. 19-20.
4. *Ibidem*, p. 21.

en odisea lo cotidiano. Es un filtro sensible a las realidades más sucias, encriptado con la intención de hacer llegar su mensaje no a una élite o, mejor, no solo a una élite, sino a un espectro mucho más amplio y heterogéneo de lectores; y todo esto sin renunciar a la más mínima parte de literatura, sin rebajar su condición de obra de arte. La novela es casi casi un artefacto mágico, un objeto embrujado, y una librería posee miles de ellas, todas a disposición de quien decida cruzar su puerta.

Troica

Tenemos la imprenta de Gutenberg, las emociones universales de Shakespeare y la gran novela de Cervantes, escrita no para unos pocos, sino para el mundo entero: tecnología, contenido y estructura de largo alcance, una troica explosiva y necesitada de espacios en los que dejar dormir sus bombas de efecto retardado, porque ¿acaso no son también las librerías un campo de minas?

Al hacer un alto en nuestro viaje, mezclándonos entre el público de un teatro isabelino de la misma manera en que nos detuvimos a tomar resuello en lo alto del faro de Alejandría, nos resultará abrumadora la visión del futuro y su estrecha relación con estos tres hombres visionarios. Quizás la prueba más clara de su influencia sea la celebración, desde 1930, del Día del Libro cada 23 de abril, fecha compartida de la muerte del dramaturgo y el novelista;[5] y también es significativa la proliferación de instituciones, editoriales y librerías bautizadas con sus nombres: el Instituto Cervantes, la editorial Galaxia Gutenberg, la mítica Shakespeare and Company y, por supuesto, sumándose a una larga lista de comercios homónimos, Cervantes y compañía.

5. La primera vez que se celebró el Día del Libro fue el 7 de octubre de 1926. La idea nació en Cataluña, pero no tardó en imitarse en otros países de Europa y en trasladarse al 23 de abril, que no solo coincidía con las muertes de Shakespeare y Cervantes, sino también con el Día de San Jorge, patrón de numerosas naciones europeas. En 1995, el Día del Libro se convirtió final y oficialmente en una fiesta mundial, reconocida por la Unesco. En este enlace hay más información sobre su historia: <http://bit.ly/3SlDqBJ>.

10

Las amistades peligrosas

TopBooks

Quise avanzar en mi recién descubierta profesión de librera y, aunque volví unos años más tarde y la experiencia me resultó igualmente enriquecedora, no me quedé mucho tiempo en la Gran Superficie, solo el suficiente para, sin saberlo, sellar algunas amistades que, hasta hoy, han resultado indestructibles y han recurrido siempre a los libros para crecer lentas pero sin descanso, como esas plantas trepadoras que parecen tener el cielo como límite. Con ellas en la recámara y después de leer por consejo de mi padre sobre la existencia vacía, supeditada a una espera absurda, de Giovanni Drogo en *El desierto de los tártaros,* tomé una decisión y, en septiembre de 2006, abandoné Callao para asumir la gestión del enclave más pequeño de la cadena TopBooks, ahora ya desaparecida: TopBooks Las Rozas Village.

Mi paso por TopBooks fue muy fugaz, pero me permitió descubrir todo lo que, además de la atención al cliente, conforma las bambalinas de una librería, desde lo más dulce —la presentación semanal de las novedades por parte de los comerciales y el disfrute de las ediciones anticipadas, la consulta de los *rankings* de ventas o la relación directa con los autores que nos elegían para promocionar sus títulos y entre los que jamás olvidaré a Álvaro Pombo, que al terminar su charla aceptó que en señal de agradecimiento le regalásemos un libro y escogió un monográfico sobre los garbanzos— a lo más tedioso y estresante —la consulta compulsiva de la cifra de caja, sujeta siempre a la consecución de un objetivo marcado de antemano, la coordinación de equipos, el titánico e interminable esfuerzo de las devoluciones y las relaciones con distribuidores y transportistas, así como la puesta en práctica de la diplomacia para bregar con todos los actores de la cadena editorial y mantenerlos satisfechos: una misión casi imposible.

Las hermanas Valeria y Ruth González, fundadoras de la marca, eran mis jefas y, cuando me incorporé al proyecto, que mezclaba la venta de novedades con la de saldos, este vivía su momento de máximo esplendor: tenían una preciosa librería en el centro de Bilbao, su buque insignia; un local en la calle Fuencarral de Madrid, capitaneado por la librera María Luisa, que carecía de impostura y me gustó desde el principio; la minúscula pero rentable tiendecita de Las Rozas, y un espacio a punto de inaugurarse en uno de los tramos más comerciales de la calle Goya, que se convirtió inmediatamente en mi objetivo porque se encontraba a escasos 500 metros del bajo antiquísimo donde yo vivía, cerca del metro de Lista, y uno de mis sueños madrileños era poder ir a trabajar andando.

TopBooks se escribía con brillantes letras de palo de un rojo brillante, sobre las que descansaba una luna que servía de asiento a una silueta inmersa en la lectura. Para la atención al público se contrataba solo a mujeres, y las libreras debíamos vestir un sobrio conjunto de camisa y pantalón negros que yo odiaba por una cuestión puramente visceral. Siempre me ha parecido un error uniformar al equipo, creo que homogeneidad y pasión lectora son conceptos que se repelen como los polos idénticos de un par de imanes.

Las librerías se caracterizaban por los grandes accesos de los locales donde se ubicaban, en cuyas respectivas entradas apilábamos altísimas torres de novedades que se retorcían creando extrañas y llamativas formas, atractivas principalmente para los ladrones, que entraban corriendo y cogían casi a ciegas lo que podían para huir en cuestión de segundos, despavoridos e imitando el comportamiento atolondrado de los concursantes de una gincana televisiva. No los atrapábamos nunca.

En el caso de la tienda de las Rozas, más centrada en el libro barato, los reyes del local eran sólidos mazacotes de ejemplares que a menudo se montaban sobre toscos palés de madera, forrados de papel de regalo, y se ajustaban a los reclamos de «dos por uno» o «tres por cinco euros».

Las Rozas, donde la librería era una *rara avis* rodeada de una amplia oferta de hostelería y *outlets* de las marcas de ropa y tecnología más sofisticadas, me sirvió para confirmar que mi amor por los libros tenía la fuerza de una vocación religiosa. Aquel centro comercial, del que me separaba una hora de metro y autobús cuando la combinación del transporte público se ajustaba a lo previsto, era un «no lugar» y a mí me sorprendía que siempre estuviera lleno de gente con grandes bolsas. ¿Cómo era posible que llegaran hasta allí?

A pesar del barullo, algunas mañanas —las pocas en que me anticipaba a la apertura— y algunas noches —cuando me quedaba al cierre, en medio de un ambiente gélido que se iba espesando conforme se acercaba la Navidad— disfruté en Las Rozas Village de una soledad de polígono. El complejo tenía una pequeña plaza de cemento desde la que se podía contemplar un bonito paisaje a medio camino entre lo campestre y lo suburbano, y sobre el que se dibujaban, dependiendo de la hora, la claridad o la oscuridad crecientes y silenciosas. Hoy descubro que, por alguna extraña razón, atesoré esos instantes de paz fría en mi recuerdo. Era muy joven, aún no había cumplido los treinta, y me sentía a la vez muy débil y muy fuerte, poseedora de esa clase de ciencia infusa que tan fácilmente nos conduce al error. Estaba aprendiendo y, sin embargo, me creía sabia.

Ahora me doy cuenta de la paciencia que tuvieron conmigo.

Hubo quien confió en mí, a pesar de mi temeridad, y yo observé y aprendí.

Y en este caso, como en el que vendría después, descubrí que, si bien es muy peligroso descuidar el equilibrio contable y económico de una librería, la parte que tiene de negocio, también lo es olvidarse del romanticismo que exige ser un buen librero, porque, cuando hablamos de libros, el verbo no es bastante: no *vendemos* libros, lo hacemos siempre siempre *apasionadamente*, entendiendo, un poco al más puro estilo del melodrama, que nuestra labor debe ser esa y no otra, que nos costaría mucho respirar alejados de las estanterías, el polvo —contra el que mi socia Alessandra, ¡menos mal!, siempre se rebela— y las eternas ediciones de los clásicos... Si no pensamos así, si no nos rodeamos de un equipo que comparta nuestra vehemencia, es probable que el fracaso nos espere a la vuelta de la esquina.

Ahora sí, la librería viva más antigua del mundo

Ocurrió la mañana del día de la Cremà de 2007. Era lunes. Yo estaba en el asiento trasero del coche de Pati cuando sonó mi teléfono. Cris, Pati y yo volvíamos a Madrid desde Valencia escuchando a Pereza, después de pasar un fin de semana inmersas en la tradición fallera, acudir a la *mascletà* y comer paella en mi casa rodeadas de familia. La tarde anterior, Vitu había adelantado su marcha y lo habíamos despedido en la estación de autobuses. Ahora éramos nosotras las que regresábamos y aquella llamada estaba prevista. Era Ramon Pérez Alcalá,* que quería confirmar nuestra entrevista, programada para esa misma tarde. Yo me limité a asegurarle que acudiría y, cuando colgué, les sugerí a mis amigas que paráramos en el área de servicio para tomar un café y coger fuerzas. Estaba nerviosa.

Ramón Pérez Alcalá también cambió mi vida e hizo posible que, durante tres años, formara parte de la historia de Bertrand, la cadena de librerías más antigua.

Cuenta Jorge Carrión, en su premiado ensayo *Librerías*, que la Bertrand de Chiado, en Lisboa, abrió sus puertas en 1732 y, desde entonces, más o menos, ha cumplido regularmente su horario, lo que para el Guinness World Records la ha convertido en la librería ininterrumpidamente en activo más antigua del mundo,[1] aunque este reconocimiento no ha disuadi-

1. Si nuestra curiosidad se interesa más por lo cercano y para quedar satisfecha necesita saber cuál se considera la librería más antigua de España, este es el dato: según el proyecto promocional e informativo de España en Frankfurt, difundido en otoño de 2022, coincidiendo con la feria internacional, la librería española más antigua es Hijos de Santiago Rodrí-

do a los bibliófilos de investigar otros establecimientos de longevidad parecida, como la librería Korn & Berg, en Núremberg (Alemania), que, si bien ha sufrido periodos de cierre, fue inaugurada por Hans y Elsbeth Ott en 1531; la estadounidense Moravian Bookshop, en Pensilvania, activa desde 1745; o la librería Galignani, que abrió en París en 1801, pero posee una historia que se sumerge muchísimo más en el pasado, hasta el año 1520, cuando Simone Galignani, uno de los primeros impresores conocidos, editó en Venecia su *Gramática latina* con el objetivo de venderla a un público que iba en aumento.

La familia Galignani[2] se consagró definitivamente en 1597 al comercializar su edición de la *Geografía* de Ptolomeo, y su trayectoria, representativa de la evolución del sector editorial durante la época, fue sumando disciplinas y adaptándose a las necesidades de una demanda que no tardó en exigir, tras habituarse a las bondades del invento de Gutenberg, espacios de referencia donde dar un paso más y no solo comprar libros, sino también conversar sobre ellos y enriquecerse con las opiniones de otros clientes y prescriptores.

Antes del nacimiento de esta inquietud,

---

guez, ubicada en Burgos y fundada en 1850. Esta es su página: <http://bit.ly/3SdlcCi>.

2. En la web oficial de la parisina librería Galignani, que en sus inicios fue concebida como librería y sala de lectura especializada en lengua inglesa, podemos profundizar un poco más en su historia y la de la familia que la fundó: <http://bit.ly/3xF3IFD>.

> si nos acercamos al término «librero», desde la perspectiva clásica de la segunda mitad del siglo XVI, comprobamos que le corresponden diferentes conceptos llamativamente distintos al sentido moderno. Por un lado, el librero era el pequeño comerciante que arriesgaba capital, comprando libros en diferentes lugares para proceder a su venta puntual; además, está el librero como vendedor que guarda en depósito cuerpos de libros que un intermediario le cede para su venta; y también el librero-encuadernador, que tiene conocimientos básicos del arte de la encuadernación.
>
> Asimismo, según avanza el siglo, tenemos testimonios de que la fusión que se establece entre las profesiones de librero y de impresor es cada vez más frecuente. Lo mismo sucede con las tareas de librero y editor [...].[3]

Pero con el deseo de poder entretenerse y convertir en disfrute el paso previo a la experiencia individual e íntima de la lectura, de una manera progresiva y apenas perceptible, como suelen producirse los grandes cambios en la historia, los vendedores ambulantes de libros cedieron el testigo a las librerías, que abandonaron su condición de anexos a las imprentas, e incluso a las casas de los editores y comerciantes, para convertirse en espacios con identidad

3. Mariano de la Campa, Delia Gavela García y Lola Montero Reguera, *El mundo del libro desde las escrituras públicas notariales. Baltasar Gutiérrez*, Departamento de Filología Española, Universidad Autónoma de Madrid, 1998: <https://bit.ly/41986u1>.

propia y reclamar la consolidación de un perfil profesional que se dedicara exclusivamente a ellas, el del librero y la librera tal como los conocemos hoy en día, un progreso en el que se incluye el nacimiento de Bertrand.

Actualmente, la cadena, propiedad del grupo Bertelsmann,[4] organiza su propio premio literario y posee 59 establecimientos repartidos por todo Portugal e incluso ha intentado —aunque sin éxito— asentarse en España. Fue entre 2007 y 2012, así coincidieron nuestros destinos y, una vez más, el tiempo se hizo añicos.

«... NO PUEDO EVITARLO»

He perdido la cuenta de las veces que he visto al vizconde de Valmont, interpretado por John Malkovich, abandonar a la bellísima versión de madame de Tourvel que encarnó Michelle Pfeiffer en *Las amistades peligrosas*, escudándose en un impertérrito y repetido «no puedo evitarlo». La película de Stephen Frears, que se estrenó a finales de los años ochenta, ejerció sobre mí el mismo efecto que me

4. De la misma manera que Bertelsmann, propietaria de Penguin Random House, posee Bertrand, Planeta, que tiene entre sus empresas a Espasa Calpe, posee La Casa del Libro. Este es solo un ejemplo de cómo, al igual que ocurre en el caso de los medios de comunicación, en el mundo del libro también existen los gigantes, que dominan de principio a fin el proceso editorial.

han provocado muchas otras adaptaciones cinematográficas maravillosas: despertó en mi interior el ansia por leer la novela que la había inspirado, un relato epistolar escrito por Pierre Ambroise Choderlo de Laclos en el último cuarto del siglo XVIII, poco antes de que la Revolución francesa y sus efectos se sumaran a la nueva realidad de las librerías, que en aquella época habían iniciado de forma irreversible el proceso para consolidar su identidad como eslabones independientes en la cadena del libro.

Tenaz en la consecución de mis objetivos, que no olvido con facilidad, tuve que esperar dos décadas y dos ciudades hasta que mi deseo se vio satisfecho. Lo cumplí una mañana de invierno en Zaragoza, cuando el simpático comercial de Random asignado a la librería Bertrand que yo dirigía, en el centro comercial Gran Casa, se pasó por la tienda para regalarme la edición que habían publicado en su colección de grandes clásicos y me hizo muy feliz.

La entrevista con Ramón, director comercial de Bertrand España, había ido muy bien aquella tarde de marzo, unas horas antes de que en Valencia se quemaran las Fallas, y un par de semanas después de nuestro encuentro acepté la propuesta para trasladarme a Zaragoza y dirigir la librería más pequeña de la cadena, que, antes de ser absorbida por La Casa del Libro en 2012, también abrió sucursales en Torrelodones, Cartagena, Ponferrada, Alcalá de Henares —a la que me trasladaron después de nueve meses maños—, Oviedo, Barcelona y Terrassa.

En Zaragoza, donde se ubican algunas de las mejores librerías del país, entre ellas la mítica Cálamo, en la plaza de San Francisco, conocí a libreros increíbles: conocí a Vivi, a Marisa, a Raúl, a Irene, a Fernando y a David; y, en las idas y venidas para echar una mano en otras aperturas, conocí a Simón, que, salvo escasísimas excepciones, solo leía a «gente muerta» y al que empezamos a llamar Calamar por su tendencia compulsiva a abrazar al primero que se le ponía por delante, y a Armando Sousa, que llegó de Oporto para decirme que un librero siempre tiene algo que hacer y, cuando cree que no lo tiene, desmonta una de las estanterías del lineal para ordenarla de nuevo.

Alquilé un piso cerca del paseo de Fernando el Católico y construí una rutina que incluía el cruce diario del Ebro en autobús. Madrugaba y, atravesando la niebla y el Cierzo, cogía el 20 con Los Piratas en los cascos y *Las amistades peligrosas* en la mochila. Así fue como los días transcurrieron sin tregua. Mientras la librería empezaba a rodar y Ramón me enseñaba a utilizar un montón de herramientas de gestión que a mí me deslumbraban con una fuerza idéntica a la que debió noquear a Fleming al descubrir la penicilina, en la novela que estaba leyendo los protagonistas sufrían y herían por amor a partes iguales, dando rienda suelta a sus pasiones en un contexto que, paradójicamente, defendía la superioridad de la razón sobre todas las cosas.

Con una primera tirada de 2.000 ejemplares y once ediciones tan solo en el primer año[5] —unas cifras que en el siglo XXI quedan reservadas para un porcentaje mínimo de novedades—, el revuelo que causó *Las amistades peligrosas* quizás se vio estimulado por la influencia de los escaparates, que hicieron su aparición coincidiendo con su salida a la venta, en un periodo que también vio cómo se consolidaba el reconocimiento de los derechos de autor. El Reino Unido fue pionero en este tema gracias al Estatuto de la reina Ana, que entró en vigor en 1710 y está considerado como el origen del *copyright*. Junto con este triunfo incipiente de la reivindicación de la autoría y principalmente en el norte de Europa, el asociacionismo dio sus primeros pasos entre los profesionales del gremio.

¿Por qué soy librera? Durante mi etapa en Bertrand, al principio en Zaragoza y luego en Alcalá de Henares, donde trabajaba a un paseo de distancia de la casa de Cervantes, me lo pregunté con bastante frecuencia. ¿Qué hay en mí que se apacigua al verme rodeada de libros y expuesta a las preguntas y las opiniones de los lectores desconocidos, que se fían de mi palabra? No tengo una respuesta, pero sí creo en la intuición y en ese sexto sentido que nos susu-

5. Datos que incluye Ángeles Caso en su prólogo a la edición de Austral: Choderlos de Laclos, *Las amistades peligrosas*, Madrid, Austral, 2009.

rra al oído cuál es nuestro sitio y nos avisa cuando lo hemos encontrado.

Tal vez sea librera porque soy incapaz de conformarme con una sola vida.

Me gustan las historias, contar las mías y leer y escuchar las de los demás; y también me gustan los entornos pequeños, esos en los que el mundo se reproduce en miniatura gracias a lo que ocultan y a quienes los visitan convirtiéndolos en una constante y dotándolos de una energía mágica. Los libros son una invitación a la confidencia y la caída de las armaduras, un lenguaje secreto capaz de codificar lo que más queremos y también lo que nos produce más dolor... y yo lo entiendo sin esfuerzo.

Los libros son mi lenguaje.

En Bertrand me ocurrieron muchas cosas. Estaba allí cuando una editorial aceptó publicarme por primera vez y estaba allí cuando casi me hundo por amor. Estaba trabajando en Bertrand cuando una noche salí con Iñaki, que de la Gran Superficie de Callao saltó a La Casa del Libro de la calle Fuencarral, y, en la esquina de Hortaleza con Gran Vía, se paró a saludar a dos chicos que se alegraron de verlo y me parecieron amables.

—Son Gonzalo y Alfonso —me dijo al despedirse de ellos—. Fuimos compañeros y ahora van a abrir con otro amigo su propia librería.

En ese instante sentí una sana envidia.

Tipos Infames se inauguró en octubre de 2010, añadiendo a su cuidadísimo fondo de libros una amplia oferta de vinos. Con esta sabia combinación y el rodaje de una imparable agenda logró rápidamente que los bibliófilos clavaran en sus mapas de visitas imprescindibles una chincheta roja en Malasaña. En 2021, la labor de Gonzalo, Alfonso y su equipo se vio recompensada con el Premio Librería Cultural.[6] Su impecable trabajo, el valioso ecosistema literario que habían levantado en uno de los barrios más rebeldes y canallas de Madrid, bebía, eso sí, del cambio en la forma de entender las librerías que habían iniciado dos mujeres valientes un siglo atrás.

6. La Confederación Española de Gremios y Asociaciones de Librerías (CEGAL) entrega este premio desde 1999 y tiene en cuenta la labor de las librerías de todo el territorio nacional. El objetivo de este reconocimiento es destacar la labor de aquellas librerías que realicen una tarea continua de dinamización cultural y de difusión del libro y la lectura dentro o fuera del espacio físico de la librería.

11

Siglo XX: la euforia, la guerra y la amenaza del gigante invisible

París era una fiesta

En su brevísimo pero magnífico ensayo *Sobre el periodismo*, Joseph Pulitzer refleja cómo se imprimía durante la primera mitad del siglo XIX:

> En las mejores imprentas de aquella época y durante muchos años era preciso meter las hojas de papel a mano, una a una, imprimirlas por un lado y después meterlas de nuevo para imprimirlas por el otro.[1]

Con este sistema, explica, en 1833 se imprimían 18.000 ejemplares de los periódicos matutinos neoyorquinos. En 1904, sin embargo, la cifra ya había ascendido a millón y medio. La Revolución Industrial, que allanó el camino al siglo XX, marco del impulso definitivo de la alfabetización,[2] afectó también

1. Joseph Pulitzer, *Sobre el periodismo*, Madrid, Gallo Nero, 2011, p. 66.
2. A lo largo de los dos años y medio dedicados a la investi-

a las palabras: cuantitativamente hablando multiplicó de nuevo su poder y, mientras un operario permanecía atento a las prensas de la máquina que suministraba información fresca a la isla de Manhattan cada amanecer, en París dos mujeres jóvenes e independientes se disponían sin saberlo a completar ese impulso numérico, producto de los avances mecánicos, con una revolución cualitativa que ampliaría el banco de pruebas de la literatura. Eran libreras y se llamaban Sylvia Beach y Adrienne Monnier.

Cuando en 1917 la estadounidense Sylvia Beach regresó a París, donde había pasado parte de su adolescencia, uno de los primeros lugares que visitó fue la librería La Maison des Amis des Livres, que regentaba Adrienne Monnier, en el número 7 de la rue de

---

gación para este ensayo y su posterior redacción han sido numerosas las referencias a la alfabetización que me he encontrado en el camino. Inicialmente pensé que sería posible establecer una relación respaldada por las cifras entre su aumento y la proliferación de las librerías; sin embargo, más allá de su crecimiento en paralelo, encontrar otros nexos ha resultado difícil. La alfabetización sí que va indisolublemente unida a la educación y su sistematización y progreso, pero no siempre a los hábitos de lectura. En su *Informe sobre la alfabetización en España* (Unesco, 2006), Consuelo Vélaz de Medrano señala lo siguiente: «La lectura es un importante predictor de la integración sociocultural. Los primeros estudios sociológicos sobre los hábitos lectores de los españoles se llevaron a cabo en los años setenta y mostraron un crecimiento estable del hábito lector hasta los años ochenta, donde este incremento se detiene, e incluso se inicia un suave descenso, como resultado del declive que la lectura experimenta en la vida sociocultural, donde es sustituida por un entorno cotidiano más multimedia».

l'Odéon, y allí sufrió un doble flechazo. Se enamoró de la librería y se enamoró de la librera... quizás porque una y otra constituían los ejes de un mundo paralelo, casi secreto, que ya no temía a los bombardeos de la Gran Guerra y había decidido apostar por la cultura como motor de vida.

Siguiendo los pasos de Monnier, en 1919 y a la vuelta de la esquina del local de su amiga, Beach abrió Shakespeare and Company, una librería inglesa en la ciudad del Sena. Al hacerlo no podía imaginar que acababa de iniciar un nuevo capítulo en la compleja historia del mundo de los libros y todos los que habitamos en él. Cambió su rumbo, porque dotó a las librerías de una dimensión nueva.

En el manifiesto de Cervantes y compañía, que escribieron Astur y Raquel, declaramos lo siguiente:

> Queremos ser una librería cargada de futuro: una librería como las de antes.
>
> Hubo un tiempo en que los escritores y artistas eran auténticas estrellas capaces de influir en el espíritu de su época y no se contentaban con pedir limosna a la actualidad: un tiempo en el que las librerías eran santuarios a los que se acudía buscando mucho más de lo que se puede encontrar en un almacén.[3]

3. Podéis leer el manifiesto completo en <http://bit.ly/3l Kta9X>.

Ese tiempo fue el de Adrienne Monnier y Sylvia Beach, el mismo que en 2012 inspiró a Óscar García, Silvia Llano y María Felices a la hora de abrir la que luego sería nuestra librería.

Al comienzo de este viaje me acordé de Diego, mi compañero en la Gran Superficie de Callao, y de cómo gracias a él llegué a la lectura de *París era una fiesta*, donde Hemingway, al relatar sus días en la capital francesa durante los felices años veinte, se convierte ya no solo en partícipe, sino también en testigo de cómo la librería de Sylvia Beach deja de ser exclusivamente un lugar de venta para transformarse en un entorno germinal, un espacio seguro para la creación y ya no únicamente la difusión de la cultura.

Quienes visitaban Shakespeare and Company «hacían» cultura: debatían entre sí, ofrecían sus manuscritos, intercambiaban ideas, esperaban sin desfallecer la llegada de sus intelectuales favoritos (James Joyce, Gertrude Stein, Francis Scott Fitzgerald...), se quedaban a dormir cuando necesitaban un refugio y constituían los nodos de una red infinita que se enfrentó a uno de los mayores mitos que se proyecta sobre la literatura: el de la soledad. Porque la literatura es también un lugar de encuentro y son las librerías las que lo hacen posible, y las libreras y los libreros quienes, priorizando a la gente sobre las letras, cierran el ciclo del libro o, mejor, como si se tratara de la noria de un hámster, consiguen que ruede y ruede sin detenerse, extrayendo constantemente de las historias significados nuevos.

En París fue Shakespeare and Company, y en Moscú, La Librería de los Escritores, famosa por su dimensión política. Allí, entre 1918 y 1922, Mijaíl Osorguín lideró a un grupo de intelectuales rusos dispuestos a rebelarse contra el peligro que la Revolución Bolchevique suponía para la cultura. Décadas después, en los cincuenta, fue City Lights, en San Francisco, emblemático reducto de la Generación Beat; y en Madrid, en los años setenta, la librería Antonio Machado. Así fue como un espontáneo espíritu de comunidad, al que favoreció la recepción masiva de los medios escritos y el auge de la radio, cuyos mensajes contribuyeron a moderar los temas de debate y hacerlos llegar más lejos, se sumó al concepto de «librería», que empezó a alejarse de la escueta definición del diccionario para incluir en su esencia la prescripción, la promoción y la militancia.

Y entonces llegó el cine.

El tiempo de las librerías imaginarias

El cine es un conjuro y las librerías también están dentro del cine. Mi amigo el escritor Pedro Sorela* siempre se sorprendía de la frecuencia con que yo acudía a las salas. Decía que en eso se notaba lo joven que era y, ahora que acabo de cumplir cuarenta y cinco y he dilatado bastante mi asistencia a los Ideal, los Renoir y los Princesa, me acuerdo de él y además de echarlo de menos reconozco que tenía razón. Al poco de conocernos, en 2012, un par de años después de que yo dejara Bertrand e iniciara una etapa profesional más centrada en la edición, la comunicación editorial y el periodismo que en las librerías, Pedro me regaló su ensayo *Dibujando la tormenta*, que profundizaba en las obsesiones y el estilo de sus cinco escritores fetiche: Shakespeare, Stendhal, Faulkner, Borges y Saint-Exupéry, y entre los dos empezó una infinita conversación sobre películas y libros con la que yo descubrí muchas cosas y que, aunque no lo supe hasta el desenlace más reciente de esta aventura librera que constituye el centro de mis días, habría de orientarme definitivamente en el camino.

Pedro y yo fuimos al cine juntos innumerables veces, pero nunca dejé de reservarme tiempo para acudir sola. Había adquirido la costumbre cuando estrené mi independencia, cambiando Valencia por Madrid, y hacerlo me sigue pareciendo, todavía hoy, una increíble terapia de oxígeno. Gracias a la gran pantalla he llegado a algunas de las lecturas más gratificantes de mi vida: *Lo que el viento se llevó*, *Matar a un ruiseñor*, *Rebecca* o *El lector*, un bellísimo relato sobre la crueldad y la belleza que puede reportarnos el que lean para nosotros; y también *El príncipe de las mareas*. Me hice con el *best seller* de Pat Conroy después de llorar a mares con el melodrama de Barbra Streisand, en el que la hermana del protagonista era una poeta suicida que se llamaba Savannah, y lo devoré durante un verano en el Perellonet, en el apartamento de Frentemar I, donde permanece a salvo la memoria de gran parte de mi infancia. Allí, una tarde de sol, arena y olor a sal, al subir de la playa y mientras esperaba paciente que mis hermanos salieran de la ducha para ocuparla yo, me senté en la cama que compartía con Ana, puse mi mano de uñas mordidas sobre la cubierta de la novela de Conroy y me dije a mí misma, muy bajito, sintiéndome el ser más incomprendido sobre la faz de la tierra: «Un día seré escritora».

¡Ojo! No dije: «Un día seré librera», porque no creo que la de librera, cuyo encanto es mucho más sutil y menos rutilante, sea una de esas profesiones capaces de incluirse en los sueños de una niña a pesar de que las librerías son lugares llenos de magia, envueltos en un halo de posibilidades y misterios, y ha sido precisamente el cine uno de los mayores responsables de alimentar ese glamur (basta con recuperar el plano de Audrey Hepburn frente a Embryo Bookstore, en *Una cara con ángel,* o la elegancia de James Stewart paseándose por Argosy Bookshop en el *Vértigo* de Hitchcock para saber que tengo razón).

En cuanto el séptimo arte empezó a nutrirse de las novelas y descubrió que las librerías y los profesionales dedicados al sector podían dar mucho juego —ya en 1938 se estrenó *Fast Company,* en la que un matrimonio librero, aficionado al crimen, se ve inmerso en la investigación de un asesinato real— alcanzamos el momento de máximo esplendor para las librerías imaginarias y algunas de las más emblemáticas de la historia de la literatura tomaron forma. Entre ellas, la librería a la que llega el detective Philip Marlowe, interpretado por Humphrey Bogart, en la primera media hora de la enrevesada pero magistral adaptación de *El sueño eterno*, o la Librería del Señor Koreander, donde Bastian encuentra refugio al principio de *La historia interminable*. Inolvidables son, además, *La librería* de Penélope Fitzgerald, capturada en imágenes por la realizadora Isabel Coixet, y las librerías inventadas originalmente para el cine, como la Tienda a la Vuelta de la Esquina de Meg Ryan, en *Tienes un e-mail*, la librería especializada en guías y literatura de viajes de Hugh Grant en *Notting Hill*, la extraordinaria librería sueca de Sven Jorgensen (Peter Cushing) en *Top Secret* o la que posee Sergio Castellitto en la más reciente *Una librería en París*. Tenemos que volver a mencionar aquí a Kate Winslet, librera durante el rodaje de *Olvídate de mí*, y a Paul Newman, siguiendo los pasos del desaparecido Edward G. Robinson en *El premio*.

Dicen que Flourish and Blotts, donde Harry Potter y sus amigos se abastecen de bibliografía antes de ir a Hogwarts, está inspirada en la librería Lello, de Oporto, abierta desde 1906; y la librería donde trabaja Guido Orefice, en *La vida es bella*, podéis encontrarla si os dais un paseo por Arezzo. Junto con ellas, otras librerías reales, camufladas o no, se han convertido en el telón de fondo de escenas inolvidables, entre las que destacan las escogidas en Nueva York: es en una librería donde se reencuentran Harry y Sally, concretamente la Shakespeare & Co del Upper West Side; y son muchas las escogidas por Woody Allen para el rodaje de la mayoría de sus guiones, de los que yo me quedo, sin duda y como ya habréis adivinado por la mención al inicio de este viaje, con el de *Hannah y sus hermanas,* donde Michael Caine se lanza a la búsqueda de un poemario de Cummings para Barbara Hershey, que acabará convirtiéndose en su amante después de leer «Nadie, ni siquiera la lluvia, tiene las manos tan pequeñas».

La pasión bibliófila de Buenos Aires puede «leerse» en *Roma,* de Adolfo Aristarain, y las películas de Almodóvar, salpicadas de libros, parecen en sí mismas una librería.

La Shakespeare and Company de París es el recurso infalible de las cintas más románticas y la identificamos sin dificultad en *Antes del atardecer* y *Midnight in Paris,* aunque sería injusto pasar por alto que el romanticismo librero también se encuentra en Madrid, como nos cuenta Jonás Trueba en *Todas las canciones hablan de mí.*

En definitiva, y aunque la literatura no se ha quedado atrás y ha hecho de las librerías un tema importante, el cine es mi debilidad cuando se trata de recrearlas y trascenderlas, porque consigue mostrárselas no solo a los lectores ya conversos, sino también a aquellos que no leen, sorteando la trampa de la endogamia en la que a los profesionales del sector nos resulta tan fácil guarecernos. El cine rompe las barreras y, de la misma manera en que acoge a los libreros, encuentra en sus espacios buen cobijo. Prueba de ello son mis dos librerías especializadas favoritas: Ocho y Medio, en Madrid, y Railowsky, con sus dos sucursales, en Moncada y en Valencia.

En ellas, si algún día me pierdo, creo que me encontraréis.

La resistencia

En la novela póstuma de John le Carré, *Proyecto Silverview*, también aparece una librería y es muy probable que pronto sea objeto de una adaptación cinematográfica. Le Carré, maestro de la ficción sobre espías junto con Graham Greene y Frederick Forsyth, trasladó con acierto al papel el clima resbaladizo de la posguerra y las tensiones resultantes de la polarización del mundo tras el conflicto.

Se ha escrito mucho sobre el combate y sus secuelas, sin importar la localización geográfica de la lucha. Todas las batallas son una única batalla y todos los hombres malvados han sangrado el curso de los acontecimientos con idéntica frialdad.

Leer no nos hace mejores.

Hitler, que ordenaba la quema de libros, poseía varios miles de ejemplares en los que le gustaba sumergirse y aislarse de la realidad.[4] Unos 1.200 de

4. Más información sobre la bibliofilia de Hitler en este artículo de Ana Tagarro para *XLS*: <https://bit.ly/3kcVL7u>.

esos títulos, con comentarios en los márgenes y numerosas líneas subrayadas, se conservan en la Biblioteca del Congreso de Estados Unidos y son la prueba de que no es la lectura la que nos enriquece y nos salva, sino su comprensión y el hecho de que se convierta en material de discusión y aprendizaje al compartirla con los demás. Para eso están las librerías.

Quizás el ejemplo que mejor ilustra esta función se encuentre en las postrimerías del franquismo y los áridos albores de la democracia española, un periodo que Ángel Vivas recordó para el diario *El Mundo* en 2015, en un artículo cuyo título, «Heroicas librerías», ya era toda una declaración de intenciones.

Antes, durante la dictadura, en refugios como la Tres i Quatre valenciana, fundada en 1968 por Eliseu Climent, se plantó cara al régimen y a su afán por imponer una lengua única. Esto ocurría mientras la librería española de Antonio Soriano, en París, aglutinaba al exilio. «Durante los años de plomo franquistas», escribe Vivas, vender libros en España «era una forma de disidencia implícita». Ser librero era una profesión de riesgo, porque, al sentir la inminencia de la pluralidad ideológica como una amenaza, la extrema derecha hizo de la cultura en general y del libro en particular el blanco de sus ataques.

Sin embargo, incluso en ese ambiente amenazante, los libreros se atrevieron a subir las persianas de sus locales y mostrar sus escaparates llenos, cada vez más libres de censura.[5] Las librerías tenían nombres que desafiaban la ceguera impuesta y el silencio: la librería Machado, en Madrid, sufrió un ataque en 1972; la Alberti, en 1976. En Donostia, Lagun, que en euskera significa 'compañero', encajó los golpes de quienes no aceptaban el final de la dictadura durante los setenta y, en los noventa, soportó los ataques de ETA.

En el verano de 1974, alguien prendió fuego a los almacenes de la distribuidora Enlace y, a los pocos días, los libreros expusieron al público los libros quemados, cuyo mensaje era de una claridad cristalina; con ellos le decían al país entero: «No nos rendiremos». Las librerías de Cataluña cerraron en señal de protesta. Gran parte de las valencianas lo hicieron también, pero no claudicaron y mantuvieron el pulso contra la intolerancia para salir al final victoriosas y asociadas: CEGAL, la Confederación Española de Gremios y Asociaciones de Librerías, nació en 1978 y no fue por casualidad.

La mañana del 8 de marzo de 2022, Cristina Almeida entró en Cervantes y compañía y me pidió una banqueta. Lo hizo de una forma tan natural que dudé que fuera la primera vez que ocurría tal cosa y me

5. El reportaje «Cinco años de atentados», que apareció el 18 de diciembre de 1976 en la revista *Triunfo*, sintetiza de forma impecable los hitos más importantes de los ataques a librerías en los últimos años del franquismo y la primera democracia.

pregunté si no habría venido ya Cristina Almeida infinitas veces a pedirme a Carmen Maura, que es el nombre que le damos a nuestra banqueta porque, al sentarnos en ella, nos parecemos mucho a las señoras manchegas que Almodóvar inmortaliza en sus películas, a las puertas de sus casas en el pueblo, haciendo bolillos o, simplemente, viendo la vida pasar.

Sobreponiéndome a mi perplejidad y tras confesarle a Cristina mi admiración, le cedí a Carmen Maura y ella me prometió que la traería de vuelta en cuanto terminara el mitin en el que iba a participar, programado en una calle cercana. Y así lo hizo. Subida a Carmen la habían visto mejor, me explicó. Luego me dio las gracias y aunque yo, todavía en estado de *shock* por su repentina aparición, no me había atrevido a recomendarle ni un solo libro, ella se justificó por no hacernos una compra y me explicó que le era fiel a la Machado por una cuestión de cuitas compartidas en los años de la Transición.

No tuve nada que objetar al respecto.

Me limité a garantizarle que Carmen Maura la estaría esperando siempre dispuesta para cuando ella decidiera volver.

La competencia inesperada

El siglo XX, como una montaña rusa, osciló entre la euforia y el terror a una velocidad de vértigo. Acogió el desenfado inmediato a la Primera Guerra Mundial y las tinieblas de la Segunda. Asistió al despertar del cine, pero también al de los terribles efectos del armamento nuclear. Dentro de nuestras fronteras disfrutamos de las buenas intenciones de la República, nos arrasó el conflicto y nos sumergimos en los años de túnel que llegaron con la dictadura... Y a todo esto las librerías sobrevivieron. El papel, indefenso contra el agua y el fuego, resultó, contra todo pronóstico, una vez más, indestructible.

A mi casa llegó un vídeo Telefunken en los años ochenta. Tenía el grosor de una caja de zapatos y un reloj digital en la parte frontal que daba la hora con toscos números hechos de palitos de un radiactivo color verde. Gracias a ellos me convertí en una obsesa de la puntualidad.

Pero la vida del vídeo, como la de las cintas que nos llevábamos al colegio para ensayar bailes absurdos durante el recreo, fue muy corta, porque no tardaron en llegar otros soportes más cómodos y resistentes... que también terminaron por desaparecer. La amenaza de un gigante invisible pudo con todos ellos.

En julio de 1995, seguramente mientras yo entraba aterrada en alguno de mis exámenes de primero de Periodismo, Amazon vendió su primer libro.

Cuarta parte

PANDEMIA

Y por fin salimos fuera para ver las estrellas.

Dante Alighieri, *Divina comedia*

12

La conquista de la red

¿Cómo se escribe sobre el futuro? Ojalá pudieran responderme Ray Bradbury o Ursula K. Le Guin. Debería soñar más y perder el miedo. El futuro siempre existirá mientras estemos vivos.

El 14 de marzo de 2020, presa de la incertidumbre provocada por el confinamiento y el cierre forzoso de la librería, decidí refugiarme en el pasado y rastrear las huellas de quienes habían recorrido mi camino antes que yo. Este texto es el resultado de mi búsqueda, pero escribirlo no fue tan fácil ni relajado como imaginé inicialmente. Es verdad que, como la mayoría, permanecí sola en mi casa durante dos meses, casi sin salir y conectada al ordenador y al móvil gran parte del tiempo, pero no es menos cierto que, de una manera inesperada, Cervantes y compañía se coló por la puerta y las claraboyas y, aunque invisible, se instaló en el salón de mi buhardilla arropada por todos aquellos que no estaban dispuestos a dejarla morir.

Nunca nos cansaremos de darles las gracias.

¿Quién llamó primero? ¿Fue Esteban[1] para ofrecerse a montar una plataforma *online* que permitiese a los lectores ayudar a su librería favorita comprando vales de lectura canjeables con el regreso de la normalidad? ¿O fue Luis,[2] que editó un vídeo para recordar a los amantes de los libros que la pandemia terminaría algún día y, entonces, las librerías los estarían esperando? ¿Qué espíritu insospechado nos puso a todos de acuerdo para rebelarnos contra las circunstancias y surfearlas sin caer?

Pienso en Ale, Chris, Raquel y María, y en cómo hablábamos a diario compartiendo ideas con las que mantener la tienda a flote: muy pronto nos dimos cuenta de que la red era nuestra única alternativa y decidimos aprovecharla.

Antes de la pandemia, la actividad frenética de las librerías independientes se desarrollaba en los espacios que dentro de sus locales de venta destinaban a las presentaciones, talleres y clubes de lectura, accesibles para quienes, por cercanía, podían desplazarse hasta las tiendas y asistir a los eventos. Sin embargo,

1. El poeta Esteban González Guitart gestionó junto con Alejandra Meléndez, durante las semanas de la pandemia y de forma desinteresada, la iniciativa Para Seguir Leyendo, una página web a la que podían sumarse sin coste las librerías para que quienes quisieran apoyarlas pudieran hacerlo mediante la compra de vales canjeables por libros cuando volvieran a abrir sus puertas.

2. El fotógrafo Luis Gaspar forma parte del alma de Cervantes y compañía. La librería no sería lo mismo sin sus visitas. Lo mismo ocurre con un listado infinito de clientes y amigos que le dan vida.

con la llegada del coronavirus, lejos de interrumpir su oferta cultural, las librerías independientes se pusieron tácitamente de acuerdo y trasladaron su agenda a internet, deslocalizándola y multiplicando su alcance.

De la noche a la mañana, Instagram Live, YouTube, Zoom o Facebook se llenaron de conversaciones con autores y lectores, cuentacuentos y recomendaciones literarias, y algo que a simple vista podría parecer anecdótico cambió la esencia de las librerías para siempre. En primer lugar, porque los libreros y las libreras adquirieron un perfil público y sumaron a sus competencias la de comunicadores y creadores de contenidos: desde la Alberti, Laura Vila puso en marcha una programación infantil a la que se engancharon niños que estaban al otro lado del océano; desde Amapolas en Octubre, Laura Riñón se conectó con regularidad a Instagram para conversar en abierto con autores y amigos de la librería. Por nuestra parte, emitimos, también desde Instagram Live, un microespacio de entrevistas diario, que bautizamos con el nombre de #ExpedienteC y en el que contamos con invitados como Pilar Tena, entonces directora del Instituto Cervantes de Utrecht; José Antonio de Ory, en aquel momento consejero cultural de la Embajada de España en Japón, o el actor José Luis García-Pérez. Con la ayuda de este último y el respaldo de Juan Casamayor, editor de Páginas de Espuma, lanzamos también una serie de encuentros nocturnos por las redes, con la intención de potenciar el relato y el placer de la lectura en voz alta..., y estos no son más que algunos ejemplos.

En segundo lugar, las librerías se transformaron porque por fin entendieron que, además de sus iniciativas culturales, en la web tenían cabida también sus ventas. Si esto fuera una charla de café, la expresión adecuada sería «las librerías cambiaron el chip» y acabaron con la falsa creencia de que el territorio digital estaba reservado únicamente para los más grandes, las plataformas y las cadenas. ¿Por qué no podían acceder a él y explotarlo con éxito los más pequeños?

Cuando asumimos la gestión de Cervantes y compañía en 2018, cervantesycia.com ni siquiera permitía la consulta del fondo que teníamos en la tienda. Apenas seis meses después del confinamiento, activamos nuestra pasarela de pago y la posibilidad de compra *online* a través de nuestra web. Desde entonces no ha habido mes en que no hayamos ingresado algo por ese medio.

Prácticamente la totalidad de las ayudas que las instituciones ofrecieron a las librerías para recuperarse de la crisis causada por el encierro incluía el apoyo a su digitalización y los libreros supieron aprovechar esa mano tendida, intuyeron la importancia de cubrir esa carencia, tanto de forma individual como colectiva. En 2011 había nacido Todostuslibros.com, pero no fue hasta 2020 cuando terminó de pulir su canal de venta, que facilita la compra directa a la librería independiente escogida por el cliente y garantiza su margen, además de ponérselo fácil a quien, por una cuestión ideológica, pretende apoyar el negocio de proximidad frente a los titanes comerciales.

Esta última idea nos conduce a las razones tercera y cuarta de la revitalización del sector, que no surgieron de los profesionales que lo integran, sino de aquellos que lo disfrutan y de la competencia: por una parte, durante la pandemia se produjo un inesperado fenómeno de reencuentro con la lectura. Regresaron a ella muchos de los que la habían olvidado y otros tantos la descubrieron. El hecho de enfrentarnos a una situación límite nos devolvió a los placeres esenciales, al abc no solo de nuestras necesidades físicas, sino también de nuestras necesidades espirituales, entre las que destaca el hambre de historias y la intimidad con el relato, el margen de maniobra que la lectura concede a nuestra imaginación.

Por otra, si bien las librerías pudieron ponerse a la altura de las plataformas y las grandes superficies reforzando su presencia digital, las plataformas y las grandes superficies no pudieron ponerse a la altura de las librerías, porque les resultó muy difícil hacer ver que ellas también poseían su mejor arma: el factor humano.

13

Norte, sur, este y oeste (III): el ciclo del libro

Todo lo que me importa se encuentra en estas páginas y tengo la sensación de que también se queda en ellas mi tiempo más brillante.

Durante mis años en la universidad utilizaba para organizarme el calendario que la revista *Fotogramas* regalaba cada mes de diciembre. Los meses iban acompañados de las fotografías de los actores y las actrices más populares del momento y, en enero de 2001, cuando me marché de Valencia, la imagen sobre las semanas y los días era la de Drew Barrymore. Drew, con un sombrero vaquero que permitía adivinar sus rizos rubios, sonreía desde la pared de mi habitación, en la que ya no volví a dormir porque mi padre se apoderó de ella para convertirla en un anexo a su despacho, y allí se quedó durante décadas, asistiendo silenciosa a la evolución de mi trayectoria profesional, al paso de mis amigos por la casa de mis padres, a la celebración de mis logros y al consuelo siempre maternal por mis fracasos. Pero, cuando regresé a ver a mi familia con el fin de las restricciones impuestas por la pandemia, Drew, imagino que víctima de algún zafarrancho de limpieza hogareña, había desaparecido.

Podría estar escribiendo estas líneas para ella, podría estar escribiendo estas líneas para la niña que fui. Estoy segura de que esta aventura, que jamás soñó, le parecería extraordinaria.

Mientras lo hago, María me cubre en la librería y mis socios respetan el ensimismamiento propio de quien se vuelca, como si se precipitara por el abismo, en una obsesión.

La mía son los libros y explicar su ciclo, el frágil equilibrio que sostiene a las librerías en la actualidad, el cierre de esta misión de reconocimiento desde el ojo del huracán, un escenario a la intemperie y, sin embargo, parcialmente protegido por el Real Decreto que, en 2007 y coincidiendo con el lanzamiento de Kindle, el libro electrónico de Amazon, estableció para el sector la obligatoriedad del precio fijo de venta al público. Este «pequeño detalle», que para alguien ajeno a nuestra profesión podría parecer banal, supone un importante seguro de vida para las librerías independientes, a salvo así de la despiadada política de precios de las plataformas que, en el caso del libro y en España, no tienen más remedio que aguantarse y jugar únicamente con el margen del 5 por ciento de libre aplicación, que sí está permitido.

Es en este contexto donde el autor que termina su obra se enfrenta a un abanico cada vez más amplio de posibilidades: presentarla a algún premio, enviarla a las editoriales con la ilusión de que alguna responda con un sí a la publicación; confiársela a su agente literario, si es que lo tiene, para que sea él quien utilice sus contactos y prestigio como tarjeta de visita; o autopublicar su texto, con las limitaciones que esta decisión conlleva y entre las que destacan dos: tener que hacerse cargo de la distribución de los ejemplares y carecer por completo de las garantías de calidad que el filtro de selección de editores y posteriormente de libreros le confieren implícitamente al libro.

Los editores son el núcleo duro del siguiente eslabón de la cadena, en el que, bajo su supervisión, también se ven implicados maquetadores, traductores, impresores, etcétera, y cuyo resultado es el libro dispuesto para llegar a las librerías y ser vendido, pero no sin antes pasar por la etapa quizás menos conocida del proceso, la distribución.

Las librerías no llenan sus estanterías contactando con las editoriales, sino con las distribuidoras. Ubicadas por lo general en la periferia, en grandes naves repletas de ejemplares, las distribuidoras son el enlace indispensable entre el editor y el librero, porque ellas se hacen cargo del traslado de la mercancía y de su almacenamiento durante los periodos en que no permanece en el espacio de venta.

Los grandes grupos, que incluyen la producción de varios sellos, cuentan por lo general con distribuidora propia, Planeta y Random House son los mejores ejemplos. Las editoriales más pequeñas, sin embargo, recurren a los servicios de distribuidoras independientes. En España destaca la labor de las más poderosas por el volumen de títulos que manejan, UDL, Les Punxes y Machado, pero también subsiste una significativa relación de distribuidores con algo menos de fondo, como Disbook, Distrifer o Distriforma, que día a día realizan una excelente labor defendiendo los libros que representan.

Eso sí, ¿cómo es posible que una librería pueda permitirse disponer en sus expositores de semejante oferta y hacer frente a los pagos de tantos canales de suministro?

El derecho a la devolución

La respuesta a la pregunta anterior se resume en el nombre de este epígrafe: gracias al derecho a la devolución.

Cuando compramos a los distribuidores, que nos dejan un margen de beneficio que oscila entre el 30 y el 40 por ciento sobre el precio del libro,[1] estos aplazan nuestro pago a una media de treinta días desde el servicio del pedido. Pasado este periodo, si

1. El margen será mayor cuanto mayor sea nuestra compra o nuestro poder de prescripción, por eso, en este aspecto, cadenas y macrotiendas digitales salen ganando. Para las librerías independientes, sin embargo, el beneficio por libro vendido es mínimo, más o menos una tercera parte de su PVP, y la lucha por el equilibrio económico, una amenaza constante que nunca desaparece del todo.

la compra que hemos realizado ha sido en firme, nos la cobrarán completa. Si ha sido en depósito, cargarán en nuestra cuenta solo aquellas unidades que hayamos vendido.

En cualquiera de los dos casos, la librería podrá devolverle los ejemplares que considere oportuno al distribuidor. Si el pedido original de los ejemplares devueltos era en firme y por tanto estos ya le habían sido cobrados al librero, el saldo a su favor se restará de sus siguientes pedidos, creándose así un sistema de vasos comunicantes, con el que se intenta compensar, gracias a las devoluciones, el pago de las nuevas entradas de mercancía.

14

Norte, sur, este y oeste (IV): aprender a ser librero

Pero ¿dónde aprender con calma y de cara a una futura aplicación práctica lo que, a grandes rasgos, acabo de explicar?

En 2012, el Gremio de Libreros de Cataluña sugirió a la Facultad de Biblioteconomía y Documentación de la Universidad de Barcelona crear la Escuela de Librería y, desde entonces, cada curso ofrece «una formación básica, de carácter profesionalizador, que persigue lograr la integración laboral inmediata de los participantes».[1]

Amparados por experiencias similares y previas en países como Francia, Italia, Alemania o Estados Unidos, los miembros del equipo docente de la escuela catalana llegaron en 2019 a ser 36, un profesorado que se dividía entre profesionales de la librería y afines (50 por ciento), profesores universitarios

1. Extracto de «La formación de libreros en España. Balance de la escuela de librería», artículo de Lluís Agustí y Amadeu Pons i Serra para la revista *Contraportada*, en su número de abril de 2019.

(19 por ciento) y especialistas en distintas materias (31 por ciento restante).

Mientras tanto, el Gremio de Librerías de Madrid, apoyado por la Comunidad y con la UNED como respaldo académico, supervisa el Curso de Creación y Gestión de Librerías, que, dependiente de la Facultad de Ciencias Económicas y Empresariales, define nuestro negocio como «una de las actividades económicas sometida a una mayor transformación y competencia desde finales del siglo pasado».[2]

Ya hace aproximadamente un lustro que me hice cargo de las clases sobre librerías en el Taller de los Libros, un máster de edición en el que me gusta participar porque me permite tener contacto con la gente más joven, ansiosa por incorporarse al sector y capaz de asomarse a él con una mirada mucho más fresca que la mía. Mis repetidas incursiones en esos grupos de futuros editores y libreros, así como mi experiencia cotidiana en el ámbito del periodismo cultural, refuerzan en bucle lo que para mí ya es una contrastada certeza: que convertirse en una buena librera —de la misma manera que convertirse en una buena periodista— nunca podrá ser resultado únicamente de una formación reglada. Esta ayudará sin duda a enriquecer nuestros conocimientos, pero ejercerlos con brillantez exigirá por

2. Para más información sobre esta oferta formativa se puede consultar la siguiente página web: <https://bit.ly/3kcVVvC>.

nuestra parte cierta predisposición vocacional al oficio, cierto don sin el que difícilmente alcanzaremos la excelencia.

15

El lector, al final de todo

Cuando nos enteramos de que Óscar quería traspasar Cervantes y compañía, Chris y yo fuimos a hablar con él y a ver las cuentas de la librería un sábado de junio. La reunión no duró mucho ni fue especialmente esclarecedora, pero, cuando salimos a la calle del Pez y nos quedamos solos bajo el sol de verano, Chris dijo: «Esto será difícil».

Y en ese instante supe que iba a ser nuestra.

Han pasado casi cinco años y no nos hemos hecho millonarios —más bien al revés, nos movemos constantemente en esa cuerda floja que tensan las compras, las devoluciones y las ventas—, y tampoco hemos abandonado nuestros otros empleos: Chris continúa con sus labores ejecutivas y financieras, Alessandra sigue inmersa en la organización de eventos internacionales, Raquel edita y traduce sin descanso y yo..., yo aquí estoy, escribiendo, aunque soy la única de los cuatro que tiene el privilegio de dedicar la jornada laboral casi completa a la librería.

Nadie creyó que aguantaría, pero la realidad es la contraria: ya no podría aguantar sin ella.

Porque con la ayuda del barrio y de quienes nos apoyan en la distancia hemos creado un complejo ecosistema de aire limpio y yo me he acostumbrado a respirarlo y a alimentarme de las historias escritas, que descansan sobre las mesas de nuestra planta principal, y las historias contadas de quienes vienen a vernos y comparten con nosotros, con la excusa de la literatura, vidas enteras. Escuchándonos los unos a los otros, día tras día, hemos conseguido que en un terreno árido haya arraigado el follaje de una selva que crece sin control, plagada de escondrijos y de relatos pendientes, como las decenas de tramas esbozadas en este texto. ¿Cuántas hay y cuántas de ellas se han insinuado en este libro sin llegar a desarrollarse del todo, como si, siguiendo el sabio consejo de Michael Ende en *La historia interminable*, proteger el hilo conductor de este viaje nos hubiera obligado a reservarlas para otra ocasión? Os adelanto que me he permitido el placer de recrearme en algunos de los relatos inconclusos y sus protagonistas en un índice onomástico algo atípico.

En cualquier caso, llegar hasta aquí ha sido emocionante.

Y lo hemos hecho juntos.

Al afrontar el riesgo y correr esta aventura hemos acabado por descubrir que el último eslabón de la cadena es el más importante: lo más importante es el lector.

El lector, que es único e igual a un mismo tiempo, más allá de las peculiaridades de cada librería y la coyuntura de cada país. Quizás en la Cuba de Castro las librerías acogían la tensión política y clandestina de la resistencia, y en la Francia del 68, la efervescencia de una juventud que se levantaba con el impulso de una revuelta social y del espíritu; tal vez en Kioto no se vendan los libros de la misma manera que en Sídney o Islamabad, pero cuando el lector llega a casa y se encierra en el silencio del paso de las páginas son idénticos el conjuro y la transformación de las conciencias, que se blindan como fortalezas para asistir al sencillo y sin embargo poderoso ritual individual o colectivo de la lectura de una historia.

Asistiendo a las rutinas cotidianas de Malasaña desde detrás del mostrador que pintó Astur y que pronto desaparecerá para cederle el testigo a un mostrador nuevo, he comprendido que pocas cosas hay más pretenciosas que pronosticar el final del libro, entre otras razones porque formamos parte de él y él forma parte de nosotros. Además, ¿quiénes nos hemos creído para pensar que podemos acabar con un objeto que se mantiene en pie sobre más de cuatro milenios?

Él siempre nos vencerá.

Agradecimientos

Este libro no me pertenece. Ya lo avisaba al principio, en la dedicatoria, «nos construimos a partir de los otros, de las historias que nos cuentan y de las que compartimos», y mi caso no es una excepción. A lo largo de mi trayectoria profesional, y también en el terreno de los afectos, he conocido a mucha gente —no toda mencionada en el texto— que ha influido en mi amor por los libros y lo ha moldeado haciéndolo más profundo, complejo y resistente, haciéndolo infinito. A todos ellos quiero darles las gracias.

Quiero darle las gracias a Emili Albi, que desde Ariel confió en mí para este proyecto, tan suyo como mío. Me ha hecho muy feliz poder colaborar con él y aprender de su lucidez a la hora de valorar mi trabajo y anticiparlo. Él supo antes que yo que me merecía un viaje tan alucinante como este.

Me acuerdo además, cuando repaso lo que he escrito, de Elena García-Aranda, de Claudia Casanova y de Amaiur Fernández, porque siempre me han dicho la verdad sobre mis historias y, gracias a ellas, ahora sé contarlas mejor, algo a lo que también han contribuido Marina Segura, Inés Martín Rodrigo y Laura Revuelta, amigas a las que admiro y desde luego maestras para mí.

En este libro también están, invisibles pero decisivas, las conversaciones mantenidas con la escritora Michelle Roche Rodríguez, la librera Silvia de la Cruz y la periodista María Maícas Royo, mujeres increíbles, valientes y sabias, con quienes tengo la suerte de compartir la vida cotidiana. Su paciencia conmigo es infinita.

En cada una de estas líneas se encuentra escondida la pasión de los sábados con el grupo de Tequila y Poesía, y las nutritivas charlas sobre librerías, literatura y cine con Raquel Friera, María José Vives, Assumpta Benlliure, Recaredo Veredas, Lorenzo Rodríguez Garrido, Miguel Ángel Delgado, Esther García Llovet, Javier Arias, Miguel Ángel Fernández, Jordi Corominas, Enrique Llamas, Alfonso Zuriaga, Giuseppe Grosso, Sara Schmetterling, Antonio Lozano, Inmaculada de la Fuente, Joana Carro, Pablo Bonet, María José de Acuña, Cristina Pineda, Ramiro Domínguez, Ana Campoy, Javier Morales, Miguel Sáez Carral, Carles Montaña, Alicia Rodríguez de Paz, Ana García D'Atri, Imma Aguilar y José Antonio de Ory.

Aquí se ocultan las horas pasadas en las tertulias literarias que organizaba Nacho Fernández en La Cruzada, los consejos del escritor Antonio Gómez

Rufo y las películas vistas y los viajes disfrutados con Jorge Matamala y Sergio Martín Díaz; también las mañanas y las tardes eternas con el fotógrafo Luis Gaspar.

Pero, sobre todo, si este libro está vivo y le late el corazón, es gracias al apoyo incondicional de mi familia, que siempre ha creído en mí, y gracias a quienes, día tras día, mantienen prendida la luz de la librería, donde sin duda estoy pasando mis años más felices: José Ramón, Valentín, Atilano, María José, Risto, Jaime, Pedro, Fernando, Loreto, Raúl, Inés, David, Clara, Pilar e Iñaki, Juan y Encarni, Toni, Sergio, Jesús, Luis, Javier, Alfonso, Pilar y Félix, Paula y Joaquín, Concha, Adrián, Carlos, Begoña, Ana y Rafa, José Luis, Inés, Elena, Hermi, Sofía, María Teresa, Ángela, Juan, la familia Adúriz, Niall, Marta, Álvaro, José Manuel, María, Pablo, Nicole y Martín, Altea, los miembros del «clup», Eli, Violeta y Gon, Amaya y Quique, los hermanos Salcedo, Pedro y María Antonia, Mariano, Zuri y Hasier, Rodri, Pepa y su Locura de Libros... Todos ellos, nombrados o no en este párrafo, integran un ejército invencible y saben quiénes son y hasta qué punto influyen para bien en el siempre frágil mantenimiento de mi equilibrio.

Por último, sé que cuando termine de escribir estos agradecimientos solicitaré —como llevo haciendo prácticamente a diario durante los últimos cuatro años— el visto bueno de mi amiga y compañera de trabajo María Felices. Sin ella, sin Raquel Cuesta, Natalia García, Petia Rumenova, Marta y Mario Tascón, Christopher Holloway, Alessandra Gatti y Raquel Vicedo, esta aventura no tendría sentido.

Entre todos hemos construido un mundo y somos afortunados, porque compartimos un lenguaje indestructible, que es a la vez el mejor refugio para protegerse de la tempestad.

En algún lugar de Malasaña.
Madrid, enero de 2023

Línea histórica

36500 a. C.
Las imágenes y la roca

36500 a. C. Pinturas rupestres de Chauvet-Pont d'Arc.

10000 a. C. Cueva de los nadadores (Gilf Kebir).

3600 a. C.
Babilonia: el punto de partida de todos los libros

2300 a. C. El primer autor que aparece en una cita histórica es una mujer: Enheduanna, compositora de una serie de cantos a Inanna, diosa del amor y de la guerra.

2000 a. C. La escritura pasa en Babilonia de pictográfica a cuneiforme.

1750 a. C. Fecha en la que se data el *Código de Hammurabi.*

1700 a. C. En Babilonia se recita por primera vez *La epopeya de Gilgamesh.*

700 a. C. Biblioteca de Nínive: 22.000 tablillas de arcilla.

500 a. C.
Grecia entra en el juego

500 a. C. En Grecia ya hay constancia de libros en forma de rollo.

430 a. C. Las librerías de Atenas aparecen mencionadas por primera vez en las comedias como «barracas donde se venden libros».

411 a. C. Uno de los primeros rastros de quemaderos de libros: los libros del sofista Protágoras fueron quemados públicamente en la plaza de Atenas. Más tarde, en la era imperial romana, Augusto llegó a confiscar y quemar públicamente dos millares de libros. Desde entonces, los retales de historia reales e imaginarios asociados a la quema de libros son infinitos: la quema de libros de caballerías en el *Quijote*, las piras del nazismo, la medida exacta de la temperatura a la que arde el papel en *Fahrenheit 451*...

323 a. C. Alejandro Magno muere en Babilonia, se dice que con la *Ilíada* entre las manos.

300 a. C.
Alejandría

300 a. C. Ptolomeo I funda la Biblioteca de Alejandría, que llegó a alcanzar los 700.000 volúmenes antes de que, en el 47 a. C., la invasión de Julio César terminara con parte de su fondo durante el combate.

La *Ilíada* y la *Odisea* son el equivalente a los actuales superventas. Se vive un tiempo de florecimiento cultural.

280 a. C. El bibliotecario Calímaco de Cirene (310-240 a. C.) consolida el orden alfabético.

250 a. C. Arquímedes ordena construir para Hierón un gran barco de lujo que, junto con la «sala de Afrodita», contaba con una biblioteca a bordo. El lujo resulta inconcebible sin los libros.

230 a. C. Fundación de la Biblioteca de Pérgamo.

200 a. C.
Roma

200 a. C. Los romanos, herederos de la cultura griega, adoptan el papiro y, mientras tanto, en China se inventa el papel.

150 a. C. La autoría es ignorada en el derecho romano. Los autores deben conformarse con la fama como único retorno por sus méritos.

146 a. C. El negocio librero comienza a organizarse en Roma tras el desplome y aún bajo la influencia de la cultura helénica.

140 a. C. Las bibliotecas públicas se multiplican durante la hegemonía romana. Homero, Ovidio, Virgilio, Cicerón y Tito Livio son los más leídos de la época.

110 a. C. Algunos libreros ilustres triunfan en Roma: entre ellos, Tito Pomponio Ático, los hermanos Sosii y Trifón. También en este periodo se consolidó la figura del librero ambulante, que no tenía establecimiento y ejercía de forma nómada el tráfico de libros.

47 a. C. La invasión de Julio César termina con parte del fondo de la Biblioteca de Alejandría.

41 a. C. Marco Antonio roba para Cleopatra 200.000 volúmenes de la Biblioteca de Pérgamo con la intención de resarcir el daño del ataque de Julio César.

290 d. C.
El pergamino y el códice

250. El pergamino se consolida definitivamente frente al papiro.

290. Según el censo real de Constantino, Roma cuenta con 28 bibliotecas públicas.

300. Comienza la tarea de copiar toda la literatura clásica en códices de vitela, un soporte que ya se había impuesto en los textos profesionales.

400-1000
Alta Edad Media

Durante la Alta Edad Media, la actividad cultural más allá de los monasterios y las bibliotecas se mantuvo con vida lejos de Europa gracias a los árabes.

500. Mientras tanto, en la península ibérica se habían instalado los visigodos. La figura relacionada con los libros más representativa de esta época en nuestro territorio fue san Isidoro de Sevilla, que, junto con su hermano san Leandro, reunió una importante biblioteca.

700. La consumación de las invasiones bárbaras dio un golpe mortal a todas las formas de cultura en Europa, incluida la incipiente estructura comercial de las librerías que el Imperio romano había ayudado a florecer.

770. Los mozárabes, cristianos que habitaban las tierras ocupadas por los árabes, son los responsables de la producción de los beatos, un género específicamente hispano, centrado en los comentarios al Apocalipsis. De entre todas las obras adscritas a este género, destacan los textos recopilados por el Beato de Liébana, un monje cántabro cuya obra más inspiradora y conocida es el *Comentario al Apocalipsis de san Juan.*

800. La pobreza generalizada, sumada al ingenio, hizo surgir el palimpsesto.

900. De los últimos años del siglo data el tratado *Kitab al-Fihrist,* de Ibn al-Nadim, hijo de un librero, prueba flagrante de cómo los árabes, al contrario que en Europa, mantuvieron viva la actividad cultural no circunscrita a las fronteras de las bibliotecas y los monasterios

De esta misma época es la popular *Nodicia de Kesos,* cuyo fin, claramente organizativo, inventariar los quesos de la despensa del monasterio de los santos Justo y Pastor, en La Rozuela, muy cerca de León, es una prueba evidente de cómo la función más práctica de la escritura contribuyó durante la Edad Media a su supervivencia.

1000-1400
Baja Edad Media

En Europa, el «tráfico» de libros vuelve a reactivarse lentamente con la apertura de las primeras universidades y el aumento de las rutas comerciales. No resulta extraño que la venta de libros, equiparándose a la de alimentos y flores, se realice en tenderetes ubicados en mercadillos y en los aledaños de las catedrales.

1100. El papel, que había llegado a la península con la presencia de los árabes, se consolida en Europa como principal soporte para los textos.

A partir de 1400
Después de Gutenberg

El librero todavía se ajusta al perfil del pequeño comerciante, la mayoría de las veces ambulante, que sobrevive comprando y revendiendo. En cuanto a las librerías, salvo contadas excepciones como Korn & Berg, todavía no tienen una identidad propia y son por lo general espacios anexos a las imprentas y las casas de los editores, aunque esto cambiará muy pronto.

1400. Nacimiento de Johannes Gutenberg en Maguncia.

1450. La imprenta de Gutenberg se pone en marcha e imprime la *Biblia de 42 líneas.*

1520. Simone Galignani, uno de los primeros impresores conocidos, publica en Venecia su *Gramática latina.*

1531. La librería Korn & Berg abre sus puertas en Núremberg (Alemania), regentada por Hans y Elsbeth Ott.

1547. Nacimiento de Miguel de Cervantes Saavedra en Alcalá de Henares.

1554. Nacimiento de William Shakespeare en Stratford-upon-Avon.

1605. Primera edición de *El ingenioso hidalgo Don Quijote de La Mancha.*

1732. Abre sus puertas la librería Bertrand de Chiado, en Lisboa, la librería de la historia que más tiempo ha permanecido abierta sin interrupción ni traslado.

1745. La librería estadounidense Moravian Bookshop, en Pensilvania, inicia su andadura.

1780. En los años previos a la Revolución francesa, las librerías empiezan a hacer uso de los escaparates y las más pioneras ofrecen a quienes las visitan salones de lectura.

1801. Los descendientes de Simone Galignani inauguran en París la librería Galignani, que contaba también con una sala de lectura para promover el inglés en la capital francesa.

1833. En Nueva York, las imprentas lanzan 18.000 ejemplares de los periódicos matutinos.

Siglo XX
Después de la Revolución Industrial

Las imprentas multiplican casi por 100 su capacidad de impresión entre el siglo XIX y el XX. Las librerías dejan de conformarse con su condición de espacio de venta y se convierten en motores de cultura.

1904. La tirada diaria de esos mismos periódicos asciende ya a millón y medio.

1915. En París, Adrienne Monnier abre en el número 7 de la rue de l'Odéon La Maison des Amis des Livres.

1919. Sylvia Beach abre a la vuelta de la esquina del local de Monnier su librería inglesa Shakespeare and Company, que acabaría trasladándose a la rue de la Bucherie.

1923. Fundación de La Casa del Libro.

1926. El 7 de octubre se celebra por primera vez el Día del Libro.

1930. El Día del Libro cambia definitivamente su fecha a la que conmemora la muerte de Shakespeare y Cervantes, y se celebra el Día de San Jordi, el 23 de abril.

1933. Se organiza la primera Feria del Libro de Madrid, en el paseo de Recoletos y dentro de las actividades de la Semana Cervantina.

1967. La Feria del Libro de Madrid se traslada al Retiro.

1971. La primera librería Machado se abre en Madrid.

1978. Nace CEGAL, la Confederación Española de Gremios y Asociaciones de Libreros, que actualmente reúne a 1.100 librerías.

1992. La Unesco aprueba el Programa Memoria del Mundo para la conservación del patrimonio documental.

1995. La Unesco reconoce el Día del Libro como una fiesta mundial.

1995. En julio, Amazon vende su primer libro.

2007. Primer Kindle.

2007. La cadena portuguesa Bertrand, adquirida por Bertelsmann, abre su primera librería en España, en la localidad madrileña de Torrelodones.

2010. En octubre se inaugura la librería Tipos Infames, en el barrio de Malasaña, de Madrid.

2011. Nace todostuslibros.com.

2020
Pandemia
El asalto a la red

2020. Entre el 15 de marzo y el 14 de mayo, las librerías, como la mayor parte del comercio, permanecen cerradas a causa de la pandemia y «asaltan la red». La venta *online* se consolida y las agendas culturales de las librerías independientes encuentran su espacio en el territorio virtual.

Bibliografía

Ficción

Adam, Olivier, *Pasar el invierno*, Madrid, Errata Naturae, 2008.

Adams, Richard, *La colina de Watership*, Barcelona, Seix Barral, 2009.

Alemán, Mateo, *Guzmán de Alfarache*, Barcelona, Penguin Clásicos, 2015.

Andrews, V. C., *Flores en el ático*, Barcelona, Debolsillo, 2003.

Anónimo, *La epopeya de Gilgamesh*, Barcelona, Penguin Clásicos, 2015.

Astur, Manuel, *San, el libro de los milagros*, Barcelona, Acantilado, 2020.

Banville, John, *El libro de las pruebas*, Barcelona, Anagrama, 2000.

Buzzati, Dino, *El desierto de los tártaros*, Madrid, Alianza, 2012.

Cervantes Saavedra, Miguel de, *Don Quijote de La Mancha. Puesto en castellano actual íntegra y fiel-*

mente por Andrés Trapiello, Barcelona, Destino, 2015.

—, *Don Quijote de La Mancha*, 2 tomos, edición de Alberto Briceño para Los Libros Más Pequeños del Mundo, 2013.

—, *La Galatea*, Madrid, Cátedra, 2006.

Choderlos de Laclos, Pierre Ambroise, *Las amistades peligrosas*, Barcelona, Random House, Col. Grandes Clásicos, 2008.

Conroy, Pat, *El príncipe de las mareas*, Barcelona, Ediciones B, 1993.

Cortázar, Julio, *Rayuela*, Madrid, Cátedra, 2008.

Dickens, Charles, *Oliver Twist*, Barcelona, Bruguera, Col. Historias Selección, 1980.

Du Maurier, Daphne, *Rebecca*, Barcelona, Galaxia Gutenberg, 2020.

Dueñas, María, *El tiempo entre costuras*, Barcelona, Booket, 2021.

Dumas, Alejandro, *Los tres mosqueteros*, Bruguera, Col. Historias Selección, 1973.

Eco, Umberto, *El nombre de la rosa*, Barcelona, Debolsillo, 2021.

Ende, Michael, *La historia interminable*, Barcelona, Alfaguara Clásicos, 2016.

Fowles, John, *El mago*, Barcelona, Anagrama, 2006.

Gisbert, Joan Manuel, *El misterio de la isla de Tökland*, Barcelona, Planetalector, 2010.

Ha Jin, *La espera*, Barcelona, Tusquets, 2000.

Harris, Thomas, *El silencio de los corderos*, Barcelona, Debolsillo, 2019.

Haughton, Chris, *Un poco perdido*, Madrid, NubeOcho, 2019.

Hemingway, Ernest, *París era una fiesta*, Barcelona, Lumen, 2021.

Hugo, Victor, *Notre-Dame de París*, Barcelona, Penguin Clásicos, 2015.

Kundera, Milan, *La insoportable levedad del ser*, Barcelona, Tusquets, 1985.

Kerr, Philip, *Una investigación filosófica*, Barcelona, Anagrama, 1996.

Le Carré, John, *Proyecto Silverview*, Barcelona, Planeta, 2022.

Lee, Harper, *Matar a un ruiseñor*, Madrid, Harper Bolsillo, 2021.

Lehane, Dennis, *Cualquier otro día*, Barcelona, Salamandra, 2020.

Lem, Stanisław, *Solaris*, Madrid, Impedimenta, 2011.

Luca de Tena, Torcuato, *Los renglones torcidos de Dios*, Madrid, Austral, 2010.

Maher, Kerri, *Una librera en París*, Barcelona, Navona, 2022.

Mayorga, Juan, *Reikiavik*, Segovia, La Uña Rota, 2015.

Michon, Pierre, *Vidas minúsculas*, Barcelona, Anagrama, 2002.

Mitchell, Margaret, *Lo que el viento se llevó*, Madrid, Reino de Cordelia, 2022.

Morley, Christopher, *La librería ambulante*, Madrid, Periférica, 2018.

Murdoch, Iris, *El mar, el mar*, Barcelona, Lumen, 2019.

ONDAATJE, Michael, *El paciente inglés*, Barcelona, Debolsillo, 2016.

RUIZ ZAFÓN, Carlos, *La sombra del viento*, Barcelona, Booket, 2016.

SABATO, Ernesto, *Sobre héroes y tumbas*, Barcelona, Seix Barral, 2001.

SHAKESPEARE, William, *La tempestad*, Madrid, Alianza, 2008.

SARAMAGO, José, *Todos los nombres*, Barcelona, Alfaguara, 2022.

SCHLINK, Bernhard, *El lector*, Barcelona, Anagrama Compactos, 2006.

SHEM, Samuel, *Monte miseria*, Barcelona, Anagrama, 2000.

SMILEY, Jane, *La edad del desconsuelo*, Madrid, Sexto Piso, 2019.

SŌSEKI, Natsume, *Soy un gato*, Madrid, Impedimenta, 2010.

VARGAS Llosa, Mario, *La fiesta del Chivo*, Barcelona, Debolsillo, 2015.

VERNE, Julio, *Viaje al centro de la Tierra*, Barcelona, Bruguera, Col. Historias Selección, 1974.

VONNEGUT, Kurt, *Matadero cinco*, Barcelona, Blackie Books, 2021.

WEISBERGER, Lauren, *El diablo viste de Prada*, Barcelona, Booket, 2014.

WHITMORE, Ken, *Saltad todos*, Madrid, SM, Col. Barco de Vapor, 1984.

No ficción

Albom, Mitch, *Martes con mi viejo profesor*, Madrid, Embolsillo, 2008.

Almásy, Ladislaus E., *Nadadores en el desierto*, A Coruña, Ediciones del Viento, 2022.

Bloom, Harold, *La invención de lo humano*, Barcelona, Anagrama, 1998.

Brunetti, Collesei, Vescovi y Sòstero, *La librería como negocio. Economía y administración*, Madrid, Fondo de Cultura Económica, 2004.

Calasso, Roberto, *Cómo ordenar una biblioteca*, Barcelona, Anagrama, col. Nuevos Cuadernos Anagrama, 2021.

Carrión, Jorge, *Librerías*, Barcelona, Anagrama, 2013.

Esteban, José, *Vituperio (y algún elogio) de la errata*, Sevilla, Espuela de Plata, 2013.

Gibbon, Edward, *Decadencia y caída del Imperio romano*, Girona, Atalanta, 2011.

Heródoto, *Historia*, Madrid, Cátedra, 1999.

Kundera, Milan, *El telón: ensayo en siete partes*, Barcelona, Tusquets, Col. Fábula, 2009.

MacLaine, Shirley, *Lo que sé de mí*, Barcelona, Plaza & Janés, 1984.

Manguel, Alberto, *Una historia de la lectura*, Madrid, Alianza, 2020.

Moix, Terenci, *Memorias: el peso de la paja*, Barcelona, BackList, 2008.

Moller, Violet, *La ruta del conocimiento*, Barcelona, Taurus, 2020.

MONNIER, Adrienne, *Rue de l'Odéon*, Madrid, Gallo Nero, 2022.

MORATÓ, Yolanda, *Libres y libreras: mujeres del libro en Londres*, Sevilla, El Paseo Editorial, 2021.

MUÑOZ MACHADO, Santiago, *Cervantes*, Barcelona, Crítica, 2022.

PEREA YÉBENES, Sabino, *Vida y civilización de los griegos*, Madrid, Sílex, 2020.

PIKETTY, Thomas, *El capital en el siglo* XXI, Madrid, Fondo de Cultura Económica, 2018.

PULITZER, Joseph, *Sobre el periodismo*, Madrid, Gallo Nero, 2011.

REYES, Alfonso, *Libros y libreros en la Antigüedad*, Madrid, Fórcola Ediciones, 2011.

RIBAS, Rosa, *Testimonio de la conciencia lingüística en textos de viajeros alemanes a América en el siglo* XVI, Kassel, Edition Reichenberger, 2005.

RODRÍGUEZ, Joaquín, *La furia de la lectura*, Barcelona, Tusquets, 2021.

SATZ, Mario, *Bibliotecas imaginarias*, Barcelona, Acantilado, 2021.

SORELA, Pedro, *Dibujando la tormenta: Faulkner, Borges, Stendhal, Shakespeare, Saint-Exupéry: inventores de la escritura moderna*, Madrid, Alianza, 2006.

SPENGLER, Oswald, *La decadencia de Occidente*, 2 vols., Barcelona, Austral, 2011.

STEINER, George, *Un lector*, Madrid, Siruela, 2020.

VALLEJO, Irene, *El infinito en un junco*, Madrid, Siruela, 2020.

VARGAS LLOSA, Mario, *La verdad de las mentiras*, Madrid, Alfaguara, 2016.

Filmografía

Abrahams, Jim (con David y Jerry Zucker) (1984), *Top Secret.*

Almodóvar, Pedro. Toda su obra.

Allen, Woody (1986), *Hannah y sus hermanas.*

— (2011), *Midnight in Paris.*

Aristarain, Adolfo (2004), *Roma.*

Benigni, Roberto (1997), *La vida es bella.*

Brooks, James L. (1983), *La fuerza del cariño.*

Buzzell, Edward (1938), *Fast Company.*

Castellitto, Sergio (2021), *Una librería en París.*

Coixet, Isabel (2017), *La librería.*

Columbus, Chris (2001), *Harry Potter y la piedra filosofal.*

Daldry, Stephen (2008), *El lector.*

Demme, Jonathan (1991), *El silencio de los corderos.*

Donen, Stanley (1957), *Una cara con ángel.*

Ephron, Nora (1998), *Tienes un e-mail.*

Figueroa, Lucas (2013), *Viral.*

Fleming, Víctor (y otros) (1939), *Lo que el viento se llevó.*

Frears, Stephen (1988), *Las amistades peligrosas.*
Gondry, Michael (2004), *Olvídate de mí.*
Hawks, Howard (1946), *El sueño eterno.*
Hitchcock, Alfred (1940), *Rebecca.*
— (1958), *Vértigo (de entre los muertos).*
Lanthimos, Yorgos (2018), *La favorita.*
Linklater, Richard (2004), *Antes del atardecer.*
Michell, Roger (1999), *Notting Hill.*
Minghella, Anthony (1996), *El paciente inglés.*
Mulligan, Robert (1962), *Matar a un ruiseñor.*
Petersen, Wolfgang (1984), *La historia interminable.*
Reiner, Rob (1989), *Cuando Harry encontró a Sally.*
Robson, Mark (1963), *El premio.*
Schlesinger, John (1988), *Madame Sousatzka.*
Spielberg, Steven (2001), *Inteligencia Artificial.*
Streisand, Barbra (1991), *El príncipe de las mareas.*
Trueba, Jonás (2010), *Todas las canciones hablan de mí.*
Weir, Peter (1989), *El club de los poetas muertos.*

No solo un índice onomástico

Advertencia: este no es un índice onomástico al uso, porque se centra exclusivamente en los nombres que forman parte del espacio más íntimo de esta historia, aquellos que no os resultará tan fácil encontrar al recurrir a los buscadores o la Wikipedia, o cuya misión en este texto se escapa de la información más accesible de su biografía y se oculta en la sombra de la cotidianidad. Estos son, por orden alfabético, los nombres más importantes para mí.

A

Astur, Manuel (Sama de Grado, Asturias, 1980): Astur no es un apellido, sino un segundo nombre. Este hecho siempre me hace dudar a la hora de citar a Manuel, autor de los ensayos *Seré un anciano hermoso en un gran país* y *La aurora cuando surge*, de la novela *San, el libro de los milagros*, y también poeta. Astur y yo publicamos a la vez en la misma editorial, hace ya mucho tiempo. Algunos años después, Raquel y él se enamoraron. Desde entonces, inmersos en el mismo círculo de afectos, compartimos muchas cosas.

C

Castro, Mercedes: Conocí a Mercedes Castro en 2005, cuando la Gran Superficie de Callao la trasladó del departamento de atención al cliente al departamento de libros y le encomendó la misión de formar equipo. Ella tuvo la última palabra en mi proceso de selección, así que le debo el haberme convertido en librera. Siempre he admirado su capacidad para relacionarse con la gente y entenderla, para sacar de cada uno de nosotros lo mejor profesionalmente.

E

Echarte, Iñaki (Pamplona, 1977): Iñaki, que es escritor[1] y fotógrafo, nunca ha dejado de ser librero. Mientras termino estas líneas trabaja en una de las tiendas que La Casa del Libro tiene en Madrid y disfruta hilando la historia de las fotografías en blanco y negro que se encuentra en el Rastro, o ejercitándose en la técnica del *collage.* Su pasión es Italia. Nos conocemos desde hace casi veinte años y en todo este tiempo, con mayor o menor frecuencia, hemos mantenido nuestro ritual, consistente en perdernos juntos por la ciudad y dejarnos llevar a la deriva has-

1. Su libro más reciente es *Ninguna ciudad es eterna*, publicado en 2020 por la editorial Tres Hermanas.

ta alguna librería de segunda mano en la que caer en la tentación y comprar, después de entretenernos con las dedicatorias abandonadas y las ediciones desconocidas. Los dos somos amantes de Highsmith (él me la descubrió).

Equipo de Bertrand: En Bertrand tuve la oportunidad de experimentar cómo, en una cadena de librerías, un mando intermedio tiene la misión de comunicar dos frentes: por un lado, trata con los miembros del equipo de la sede, que generalmente se ocupan de tareas horizontales, que afectan a todas las tiendas del grupo. La sede de Bertrand, liderada por Sven Huber, estaba en Barcelona y, desde allí, Carlos Sánchez y Olga Vives se encargaban de las compras de libros —Olga se encuentra ahora en Les Punxes, una de las distribuidoras más importantes de nuestro país, que cuenta, entre otras editoriales, con Anagrama, Pre-Textos y Alba en su fondo—; Toni Montserrat, de la contabilidad, que iba de las cifras más grandes, establecidas como objetivos de venta, a las más pequeñas, incluidos los descuadres de caja, que a menudo nos mantenían horas al teléfono; Carlos Ciria y Francisco Rico, de la tecnología; Ramon Pérez Alcalá, antes responsable del departamento de libros de una de las Fnac de Barcelona, y Anna Rigat, de la dirección comercial, que afrontó en primera línea la apertura de todos los espacios de la cadena y participó en la selección de los equipos; Montse Ruiz era la responsable de Círculo de Lectores, el emblemático servicio de venta a domicilio que, entre 2007 y 2010, intentó posicionarse en las librerías Bertrand con sección propia, aunque fracasó y, con más de medio siglo de historia a sus espaldas, en 2019 puso fin a su trayectoria. En la sede también estaba Raquel Friera. Se encargaba de la comunicación y con ella conecté inmediatamente. Su pasión por la literatura carece de límites, algo que hoy transmite a sus alumnos, como profesora de literatura en el asturiano IES Llanera.

Pero, más allá de la sede, por otro lado y como tentáculos en constante movimiento, se encontraban los equipos de las tiendas, los libreros y libreras que, desde la trinchera, bregaban con las novedades ingentes y la reposición que recibían a diario, y también con los clientes, una fuente constante de anécdotas. En Zaragoza conocí a Óskar, a Raúl, a Irene, a Fernando, a David, a Marisa y a Vivi, que dejó La Casa del Libro en Madrid por sumarse a la aventura aragonesa. En Alcalá de Henares, a Simón (Calamar), a Celia, a David, a Armando, a Teresa y a Aitor, y me reencontré con Alberto, un gran amigo con quien ya había trabajado en La Gran Superficie. Para muchos de estos nombres, Bertrand fue su primer trabajo en librerías, pero no el último.

Equipo de la Gran Superficie de Callao: No recuerdo todos los nombres, pero sí los de Mercedes Castro, Cristina Franco, Diego Barriuso, Pedro Valeije, Cristina Montes, Ana Cabañas, Virginia Patón,

Mónica Díaz, Carmen Díaz, Mar Calenti, Silvia de la Cruz, Iñaki Echarte, Borja Villalón, Paloma Benavente, Patricia Corral, Pedro Ruiz, Alberto Pérez, Sergio Martín, Jorge Matamala, Estela Sánchez, Patricia Salgado, Irene Bohoyo, Miguel Ángel Fernández, Sheila Álvarez, Silvia Escámez, Noelia Montoro, Abel Muñoz, Ramón Díaz... Con todos ellos, entre la primavera de 2005 y el otoño de 2006, viví algunos de mis días más felices y aprendí, entre otras muchas cosas, que la lectura puede formar parte importante de nuestra rutina sin exigir que nos envolvamos en la impostura. Leímos, nos reímos, bebimos en exceso y nos enamoramos (o simplemente dimos rienda suelta a nuestro deseo), y con algunos de ellos establecí un vínculo irrompible que perdura aún hoy. La mayoría seguimos dedicándonos a profesiones relacionadas con el mundo del libro. Pedro Valeije y Jorge Matamala son libreros en Marcial Pons, donde han tenido la oportunidad de mejorar su experiencia profesional junto al emblemático y ya jubilado Luis Domínguez, y una tarde me enseñaron el fascinante almacén que la librería de la plaza del Conde del Valle de Suchil oculta en su planta baja, un lugar donde parecían conservar un ejemplar de todos y cada uno de los libros del mundo. Cristina Franco coordina la edición de Sexto Piso España y yo, que soy muy obediente, siempre les doy una oportunidad a los libros que publica y me recomienda con fervor. Pedro Ruiz e Iñaki Echarte trabajan en La Casa del Libro y este último viaja a Italia en cuanto tiene unos días libres. Mercedes Castro, Diego Barriuso, Ana Cabañas, Borja Villalón, Silvia Escámez, Noelia Montoro, Mar Calenti, Carmen Díaz, Virginia Patón y Silvia de la Cruz siguen trabajando para la Gran Superficie, que para mí, a pesar de los malos momentos (que también los hubo), continúa siendo una especie de refugio. Tanto es así que, mientras terminaba este texto, regresé un par de veces a la tercera planta para pasar un rato con Silvi y con Virginia, rodeadas las tres de guías de viajes y métodos de idiomas, y también de gente desconocida, ansiosa por aprender a hablar otra lengua o escapar lejos, a alguna parte; gente que nos interrumpía para hacer sus consultas y en ocasiones, incluso, se sumaba a nuestra conversación.

F

Felices, María (Santander, 1973): María es el alma de Cervantes y compañía. Ella ya estaba allí cuando llegamos y nos ayudó a que el traspaso de la propiedad apenas repercutiera en el día a día de la librería. Todo el mundo la conoce en Malasaña y, además, es actriz. Una Noche de los Libros interpretó para nuestros clientes el monólogo *Patricia*. Nadie de los que estuvieron allí lo olvidará nunca.

Franco, Cristina (Bilbao, 1977): Conocí a Cristina durante mi época de librera en la Gran Superficie de Callao. Primero fuimos compañeras y, poco a poco, nos hicimos amigas. Desde entonces han pasado casi veinte años. En la actualidad, Cristina es la coordinadora editorial de Sexto Piso España y mantiene los pies en la tierra mucho más que yo, algo que siempre me ayuda.

G

García Miranda, Amanda: Lo primero que hacía Amanda cada mañana, al llegar a la gran mesa que, como una isla de gobierno autónomo, acogía en EFE la sección de Educación, Ciencia y Medio Ambiente, era mirar el tiempo. Tanto es así que, cuando años después cambió Madrid por Zaragoza, en su fiesta de despedida le regalamos un termómetro gigantesco, que le encantó. He conocido a pocas personas tan entusiastas como ella, tan interesadas por la actualidad y tan alerta. Amanda, periodista y bióloga, me enseñó a escribir y también a disfrutar de un Madrid al que yo acababa de llegar y me resultaba tan atractivo como extraño. Algunas tardes de aquel otoño de 2001, cuando salíamos de la redacción, Amanda me proponía tomar algo y yo aceptaba siempre. Al despedirnos un par de horas después, yo solía volver a la residencia de estudiantes dando un paseo. Fue así, casi sin darnos cuenta, como nos hicimos amigas y yo permití que me fuera enamorando la ciudad.

Gatti, Alessandra (Lugano, Suiza, 1981): Amiga y socia en Cervantes y compañía. Aunque se dedica a la organización internacional de eventos, Alessandra siempre encuentra tiempo para la librería, en la que supervisa la estética del local y coordina el calendario de exposiciones y la producción del *merchandising*, entre muchas otras cosas. Dos de sus libros favoritos son *El nervio óptico* y *Esperando a míster Bojangles.*

H

Holloway, Christopher (Swansea, Gales, 1977): Amigo y socio en Cervantes y compañía. Su trabajo poco tiene que ver con el mundo de los libros, pero a él le encantan, tanto que el único que ha escrito, *Business Result Advanced,* es un *best seller.* Chris es uno de los soportes fundamentales de la librería. Una vez, organizamos una *escape room* literaria y él se disfrazó de McMurphy, el protagonista de *Alguien voló sobre el nido del cuco.* Una de las lecturas que más regala es *Winnie the Pooh.*

L

Lapointe, Anik (Montreal, 1964): Los medios dicen que Anik es «una de las responsables de que en España empezara a tomarse en serio la novela negra»,[2] y eso fue precisamente lo que nos unió: nuestra pasión por la ficción criminal, que ella vuelca en el catálogo exquisito de Salamandra Black y yo, en mis colaboraciones para suplementos y periódicos. Un

2. El texto entrecomillado pertenece a la entrevista publicada en *El País* el 5 de febrero de 2022. En este enlace está completa: <http://bit.ly/3IikNtV>.

mediodía de invierno en 2020, pocas semanas antes de que la pandemia cambiara el mundo, Anik y yo comimos en un italiano cercano a Travessera de Gràcia y ella me mencionó *Seis Cuatro* por primera vez. El atípico *noir* de Hideo Yokoyama marcó el comienzo de una buena amistad.

P

Pérez Alcalá, Ramón: Consultad en este mismo índice «Equipo de Bertrand».

S

Sanmartín, Ana (Valencia, 1979): Mi hermana Ana y yo, que soy la mayor, nos llevamos solo 22 meses. Ana estudió Ingeniería Técnica Industrial y aprovechó su tiempo en la universidad para vivir durante un curso en Milán. Cuando terminó la carrera trabajó en el Reino Unido para aprender inglés y luego pasó unos meses en Roma, ese era su sueño. Después entró a trabajar como librera en la Gran Superficie y ahora es una de las responsables de planta del departamento de libros de la tienda que la cadena tiene en Valencia. Es especialista en cómic y una de las lectoras más sabias que conozco. Gracias a ella llegué a *La ridícula idea de no volver a verte.*

Sorela, Pedro (Bogotá, 1951-Madrid, 2018): Conocí a Pedro, escritor, profesor y periodista, hace una década, porque la revista digital con la que colaboraba me envió a entrevistarlo con motivo de la publicación de su novela *El sol como disfraz*. La conversación tuvo lugar una mañana de sol en el Hotel de las Letras, cerca de la Gran Vía, y, poco después de aquella charla, él vino a visitarme a la Gran Superficie y me regaló *Dibujando la tormenta*. Así empezó una amistad única, que se prolongó hasta su muerte, en abril de 2018. Poco antes de su pérdida coincidimos una tarde en una presentación en Cervantes y compañía, cuando aún no era nuestra. Esa fue la última vez que lo vi y aquel encuentro casual condicionó sin duda mi decisión de entrar a formar parte del equipo gestor de la librería. A Pedro le debo la dedicatoria más bella que me han escrito nunca.

T

Tascón, Mario (Ponferrada, 1962): Una tarde del verano de 2018, Alessandra y yo nos tomamos un café con Mario en El Cafeína, que es, junto con el 1862 Dry Bar, mi local favorito en la calle del Pez. Mario no lo recordaba, pero él y yo nos habíamos conocido mucho antes, durante mis años en el departamento de comunicación en la Gran Superficie, cuando vino a presentar *Twittergrafía. El arte de la nueva escritura*. «Artífice», como él mismo se define en la web de su empresa, de la agencia Prodigioso Volcán y responsable de la revolución digital de algunos de los periódicos más importantes de España, Mario me sorprendió desde el principio con su mirada sobre las cosas y su forma de contarlas y llevarlas a cabo. Casi cinco años después de aquel primer café nos hemos embarcado juntos en numerosas aventuras: desde la puesta en marcha de una colección de cuentos con edición limitada, los Libros Hilados, a la organización de una *escape room* la Noche de los Libros de 2019, pasando por la celebración de unas jornadas sobre libros e inteligencia digital, durante las que tuvimos en la librería un Zoltar que recordaba al de la película *Big* y «escribía» microrrelatos de forma automática... Pero nuestro mayor logro es el espacio cultural de El Libro Imposible en el casco histórico de Ponferrada, que acoge una Cervantes y compañía en miniatura desde septiembre de 2022, un escaparate a un perfil de lector diferente al de Malasaña, que me ha enseñado, con sus gustos y peculiaridades, hasta qué punto cada librería es un planeta distinto, con unas necesidades particulares para sobrevivir.

V

Valeije, Pedro: Consultad en este mismo índice «Equipo de la Gran Superficie de Callao».

Vicedo, Raquel (Alicante, 1977): Conocí a Raquel en 2010 gracias a Sergio, antes llamado Vitu, nuestro amigo en común y, poco a poco, a golpe de encuentros casuales y coincidencias, forjé con ella una de las amistades más importantes de mi vida. Es uno de los seres más brillantes que conozco. Raquel es editora y traductora —ha traído al español las voces de autores como Etgar Keret, Kingsley Amis, Alda Merini o Caroline Lamarche—. En el ámbito de la edición, durante su etapa en Sexto Piso y al mudarse de Espoz y Mina a Lavapiés, a un apartamento más pequeño, Raquel llevó a la editorial su maravilloso sofá hecho a medida. Era rojo, de piel, largo y comodísimo. En el tiempo que duró su trabajo en el sello, las reformas de rehabilitación del edificio donde se encontraban las oficinas obligaron a reducir algunas de las zonas comunes, de manera que cuando Raquel quiso recuperar el sofá ya no pudo sacarlo por la puerta y lo tuvo que abandonar para siempre en aquel local, donde quienes siguen en Sexto Piso continúan disfrutándolo a la hora de dormir la siesta. Raquel también es responsable de que nos conociéramos Chris, Ale y yo, y actualmente forma parte del equipo editorial de Tránsito.